災、襲擊、溺水、車禍……
日常事故的緊急自救全圖解

災難求生

NO.1 黃金守則

TAICHO／著 YouTube頻道「RESCUE HOUSE」
MIZOGUCHITOMOYA／繪
醫療監修-八尾市立醫院山本醫師・專業協助-杉村醫院中村醫師

前言

RESCUE HOUSE 平常主要透過
YouTube 發布各種防災及求生影片。

所謂「拯救生命的防災」，
除了包含面對
地震或颱風這類天災以外，
還包含了如何應對
火災、急病、交通事故、溺水
這些日常的意外或災害，
甚至恐怖攻擊、誹謗中傷、霸凌
等無法預測的人禍與糾紛。

總之，

就是讓生命遠離一切的危險。

為了保護自己的生命，以及重要之人的生命，
同時更為了能繼續看到他們的笑容，

就要一起做好「現在能做的準備」。

如果這本書能讓更多人提升防災意識，
那將是作者最開心的事情。

消防與防災專家／防災顧問
RESCUE HOUSE TAICHO

本書的閱讀方式

各種情況與個案處理方式（知識與技巧）

本書以每篇兩頁的方式，介紹各種災害與事故的案例，讓讀者能夠一目了然因應各種「時機點」與「情況」的事前準備。內容主要分成兩大部分：

- 在第32頁之前的內容→事前準備&基礎篇
- 在第32頁之後的內容→實踐篇

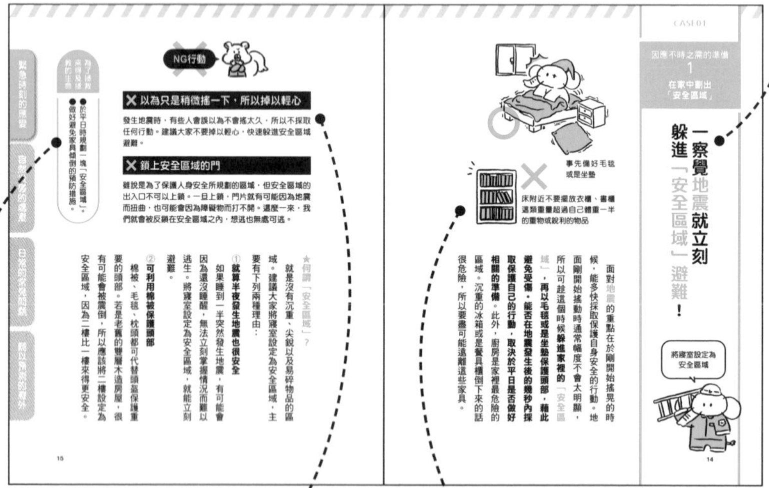

NG行動

介紹「絕對不能做的行為」。建議大家務必記牢。

為了拯救來得及拯救的生命

介紹平日就能執行的「重點對策」。

解說（具體的實踐方法）

以插圖或照片詳細解說「處理方式」，建議大家跟著步驟做看看。

YouTube 頻道「RESCUE HOUSE」的影片也有相關的解說，如果覺得書裡的內容有點難以理解，可以一邊參考影片，一邊閱讀內容。

出場人物介紹

狗狗

過著和平日子的一般市民

勇敢守護大家的消防救難隊員

鱷魚隊員

富有正義感，熱心助人的救難隊員

松鼠隊員

總是最先趕赴現場大展身手的救難隊員

大象隊員

強壯可靠的救難隊員

讓我們一起了解
連小孩與老奶奶
都能實踐的
「58道黃金守則」！

TAICHO

消防救難隊長

目錄

BOUSAI JITEN

第4章 無法預測的人禍以及解決人際問題的方法

日文版工作人員名單

插　圖　MIZOGUCHITOMOYA
內文插圖　kuma-art
設計排版　anbutteroffice
校　對　株式會社鷗來堂
醫療監修　中村明博（醫療法人杉村會 杉村醫院）山本康之（八尾市立醫院）
企劃編輯　笠原裕貴

第1章

為了緊急時刻所做的準備

因應不時之需的準備
1
在家中劃出「安全區域」

一察覺地震就立刻躲進「安全區域」避難！

面對地震的重點在於剛開始搖晃的時候，能多快採取保護自身安全的行動。地面剛開始搖動時通常幅度不會太明顯，所以可趁這個時候**躲進家裡的「安全區域」，再以毛毯或是坐墊保護頭部，藉此避免受傷。能否在地震發生後的幾秒內採取保護自己的行動，取決於平日是否做好相關的準備**。此外，廚房是家裡最危險的區域。沉重的冰箱或是餐具櫃倒下來的話很危險，所以要盡可能遠離這些家具。

事先備好毛毯或是坐墊

床附近不要擺放衣櫃、書櫃這類重量超過自己體重一半的重物或銳利的物品

為了拯救來得及拯救的生命

- ●於平日時規劃一塊「安全區域」。
- ●做好避免家具傾倒的預防措施。

NG行動

✕ 以為只是稍微搖一下，所以掉以輕心

發生地震時，有些人會誤以為不會搖太久，所以不採取任何行動。建議大家不要掉以輕心，快速躲進安全區域避難。

✕ 鎖上安全區域的門

雖說是為了保護人身安全所規劃的區域，但安全區域的出入口不可以上鎖。一旦上鎖，門片就有可能因為地震而扭曲，也可能會因為障礙物而打不開。這麼一來，我們就會被反鎖在安全區域之內，想逃也無處可逃。

★何謂「安全區域」？

就是沒有沉重、尖銳以及易碎物品的區域。建議大家將寢室設定為安全區域，主要有下列兩種理由：

①就算半夜發生地震也很安全

如果睡到一半突然發生地震，有可能會因為還沒睡醒，無法立刻掌握情況而難以逃生。將寢室設定為安全區域，就能立刻避難。

②可利用棉被保護頭部

棉被、毛毯、枕頭都可代替頭盔保護重要的頭部。若是老舊的雙層木造房屋，很有可能會被震倒，所以應該將二樓設定為安全區域，因為二樓比一樓來得更安全。

因應不時之需的準備
2
了解「兩種地圖」的差異可保護人身安全

為了來得及逃生，要詳讀「災害潛勢地圖」與「疏散避難地圖」

二〇一八年七月，西日本遭遇暴雨襲擊時，日本被害遇想地圖上**標記的「危險」地區，與實際發生土石流的地點有九成以上吻合，在台灣，則可參照「災害潛勢地圖」**。

事前透過災害潛勢地圖了解哪些場所危險，就能拯救本可拯救的生命。

不過，要注意的是，**災害潛勢地圖充其量是根據過去的資料「預測危險區域」的地圖，不代表能保障絕對的安全**，所以大家還是要視情況正確避難。

何謂災害潛勢地圖

標記該地區何處可能發生災害的地圖

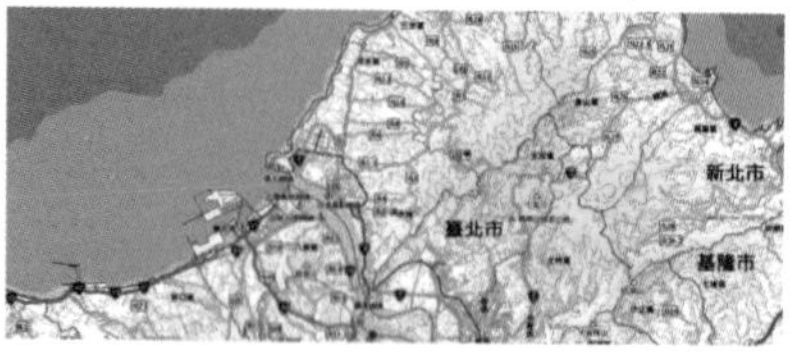

何謂疏散避難地圖

當災難發生時，可以知道該去哪裡避難的地圖。通常會標記「可供避難的公共設施」（下方為相關資訊的示意圖）

災害通報單位（人員）	防災公園
〇〇區災害應變中心 02-〇〇〇〇-△△△△	〇〇公園（防災公園） 容納：1,475人 〇〇市〇〇區〇〇路10-1號旁
避難收容處所（註記適用災，如：水／土／震／海）	
〇〇國小　容納：564人，適用災：水 震 〇〇市〇〇區△△△路〇〇段30-1號 02-〇〇〇〇-△△△△ #123	

✕ 避難時，不可以像無頭蒼蠅逃竄

不能一聽到警報就不顧危險只想著避難，因為這樣反而更危險。建議大家平日多了解哪邊是安全地區，哪邊又是危險地區。

✕ 發生災害之後才查詢

在聽到警報或是接到避難通知之後才查詢避難資訊的話，很難立刻採取避難行動。建議大家預先了解居住地區的災害潛勢地圖以及疏散避難地圖。

為了拯救來得及拯救的生命

建議大家將地圖存在智慧型手機，或是印出來隨身攜帶，才能隨時查閱。

★收集防災資訊的管道

○災害潛勢地圖

可根據國家災害防救科技中心網站確認居住地區的危險程度

○疏散避難地圖

可從各地方政府的官網確認

○各地區淹水模擬搜尋系統

可從災害潛勢地圖或水利署官網確認容易淹水的地區

○消防防災e點通APP

可緊急通知地震或其他災害的APP，另外也有「行動水情」、「中央氣象局」等防災情報APP

○社群媒體

官方帳號可即時提供正確可信的資訊

例：國家災害防救科技中心LINE官方帳號（搜尋ID：@NCDR）

災害潛勢地圖

疏散避難地圖

水災潛勢風險圖

防災無障礙（肢體與聽覺障礙者支援）

CASE03

因應不時之需的準備 3

事先準備「緊急外出包」與「避難生活包」

遇到災害後，立刻帶著簡便的「緊急外出包」避難

許多家庭會準備緊急避難包以便應付突如其來的災難，**但準備兩種用途的緊急避難包也非常重要**。

其中一種就是「緊急外出包」。這個包包只會放最低需求的物資，為了在遇到攸關生命安全的災難之際能夠立刻避難。

另一種則是「避難生活包」。這個包包的功能在於遇到災難之後的一～二天使用。可放入一些緊急備用糧食，之後便可在避難時拿出來應急。

緊急外出包

●手電筒　●內衣褲　●急救箱

避難生活包

●飲用水、緊急儲糧（三天份）
●衛生紙　●繩子

為了拯救來得及拯救的生命

- 緊急外出包可放在玄關附近。
- 避難生活包可放在戶外的倉庫*。

*就算房子倒塌也能拿得到的位置。

NG行動

✕ 不能在災難發生時，立刻帶著沉重的包包避難

在地震發生後，立刻帶著裝了幾天份飲用水與糧食的避難生活包避難，反而是件危險的事。不但很容易因為包包沉重導致跌倒，而且也讓人無法迅速前往避難地點。

大家可視居住地區的潛在風險或是家裡有沒有小孩、有沒有生病或肢體障礙的家人，自行調整內容物。

★緊急外出包的內容物（舉例）

手電筒、哨子、行動電源、塑膠袋、臨時廁所、內衣褲、救急箱、雨具、頭盔、口罩、酒精消毒液、溫度計、防盜蜂鳴器（也可以放一些藥品、生理用品、用藥手冊、孕婦健康手冊或是液態奶）。

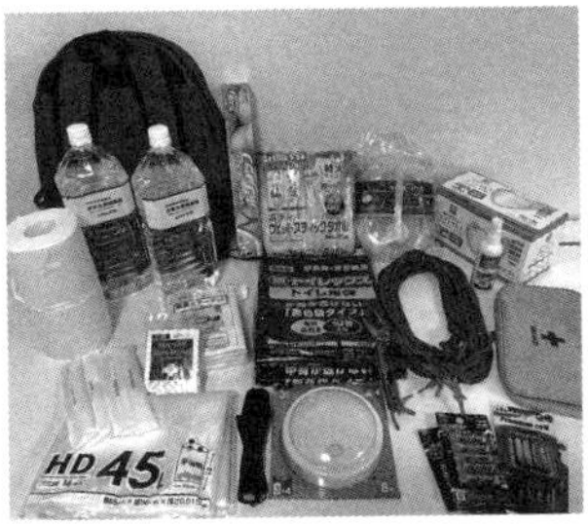

★避難生活包的內容物（舉例）

飲用水、緊急儲糧、臨時廁所、行軍床、濕紙巾、衛生紙、繩子、換穿衣物、口罩、酒精消毒液、溫度計、防盜蜂鳴器（三天～一週的份量）。

因應不時之需的準備
4
「不需刻意」囤積，用完了再另行準備

在日常生活以「輪替式」的方式囤積儲備用品

發生災難時，有可能會發生糧食被搶購一空或是物資缺乏的狀況，此時就很難像平時一樣買到需要的食物。

因此，**平常就要稍微多準備一點緊急備糧與日用品，吃完之後，再購足一定的儲備量**。

就過去曾發生的大災難經驗來看，生活所需的基礎建設差不多要一週以上才能修復，救難物資也差不多需要三天才能送達，所以平常至少該儲備三天份的糧食。

★何謂輪替法

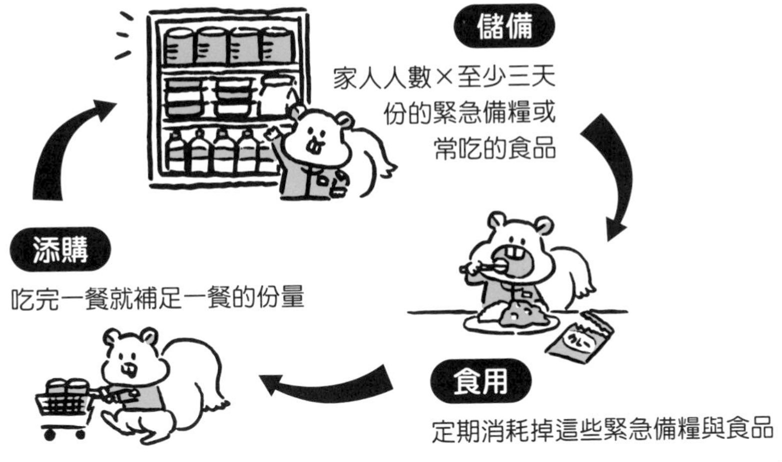
儲備
家人人數×至少三天份的緊急備糧或常吃的食品
食用
定期消耗掉這些緊急備糧與食品
添購
吃完一餐就補足一餐的份量

★輪替法的重點

①平日就從舊的物資開始使用。
②維持一定的儲備量。
③要準備嬰兒副食品、牛奶以及預防過敏的藥物。

遇到災難時，若能吃到平常習慣吃的食物，能減輕不少壓力。

★準備維持身體狀況的營養食品

發生災難時，**很容易只吃飯糰、泡麵這些高碳水化合物的食物**，所以可準備鯖魚罐頭、牛肉罐頭、水果罐頭這類方便攝取蛋白質或維生素的罐頭。

為了拯救來得及拯救的生命

也可以**儲備一些日常用品**（例如面紙、衛生紙、口罩、乾電池）。

因應不時之需的準備
5
誰都該知道的
「逃不及逃生的理由」

了解遇到災害時，覺得「應該沒關係」，不立刻避難的心態

來不及逃難的理由並非「沒注意到災難」或是「運動神經太差」。

而是「我應該不會有事」、「應該沒問題」**這種明明遇到不尋常的事情，卻企圖保持內心平靜**的正常性偏見（normalcy bias）在作祟；或是被意外嚇傻，沒辦法做出任何反應的狀態（思考停止）。

平常就要訓練自己，讓自己在遇到緊急事故的時候，能夠得以保持冷靜。

為了拯救來得及拯救的生命

「咦？好像跟平常不太一樣？」一旦有這種感覺，就要一邊確認安全，一邊前往避難。

能冷靜地採取行動的人，十人中只有一人

有份研究結果指出，在遇到突如其來的災害時，大部分的人會出現下列三項行為：

●能夠冷靜採取行動的人：10～15%
●大喊大叫，哭到六神無主的人：15%以下
●**嚇得不知道該如何反應的人：70～75%**

不要被別人的行動影響！

遇到災害時，若只懂得觀察別人的反應、不懂得立刻避難，或是**只懂得跟著別人走，完全沒發現對方的行動有問題，反而會害自己陷入險境。**懂得自己判斷安全與否是一件非常重要的事。

★消防救難隊採用的訓練方式

接下來介紹一些訓練方式，幫助大家在遇到災難時能夠保持冷靜與採取行動：

①不要相信別人口中的「沒問題」

敏銳地察覺來自內心的不安，直到能夠親眼確認安全。或是在防災專家（電視新聞或是消防員等等）確認安全之前，養成逃往安全場所的習慣。

②常參加防災活動、消防訓練或是前往防災中心參觀，培養危機管理能力

主動了解過去曾發生了哪些大災難，體驗地震與煙霧瀰漫的恐怖。在災難來臨之前，先了解災難有多麼可怕，就能抑制正常性偏見。

因應不時之需的準備
6
確認家裡是否安裝了「火災警報器」！

為了即時察覺火災，一定要安裝能偵測煙霧或是溫度的「住宅用火災警報器」

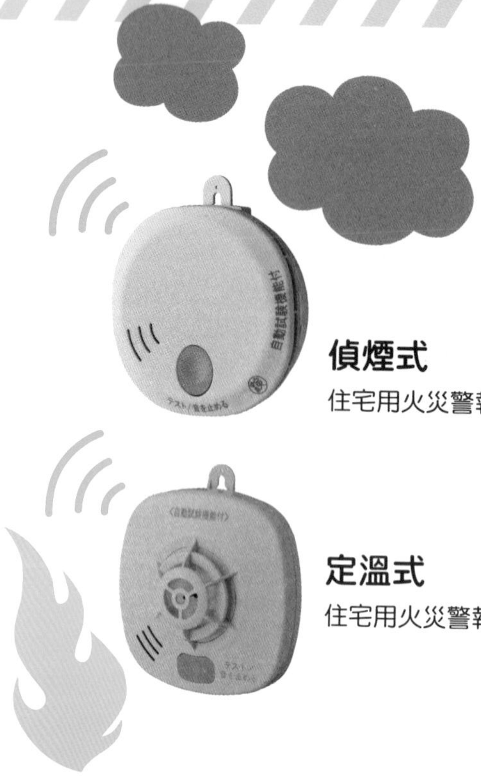

偵煙式
住宅用火災警報器

定溫式
住宅用火災警報器

死於火災的原因有超過半數以上是「來不及逃生」。為了避免這類情況再度發生，就必須能夠立刻察覺火災。

大家家裡的天花板或是牆壁是否安裝了上面照片的「住宅用火災警報器」呢？如果臥室、樓梯、廚房還沒安裝，就立刻安裝吧。

為了能夠實踐**「立刻察覺」**、**「立刻滅火」**、**「立刻逃難」**這三大火災逃生祕訣，要時時檢查住宅設備是否完善。

✕ 不要自以為「不需要」安裝警報器

有一些人莫名覺得「自己一定能即時發現火災」所以不打算安裝警報器。但睡覺的時候很難即時發現火災，所以一定要在自家重要場所安裝。話說回來，日本自2011年6月之後，就規定所有的住宅都必須安裝警報器。

（註：台灣於 2010 年發布《住宅用火災警報器設置辦法》，規定所有住宅都必須安裝警報器。）

✕ 不換新、不檢查

假設是裝電池的警報器，市售電池的壽命大概十年左右。如果已經十年沒有更換電池，請務必更換或是檢查警報器是否能正常運作。

★最推薦的是「偵煙式」

住宅用火災警報器通常會依照用途分成「定溫式」或是「偵煙式」這些種類，但**最推薦的是能夠即時發現火災的「偵煙式住宅用火災警報器」**。

為了能夠在睡覺的時候即時發現火災，建議在寢室、客廳、走廊、樓梯安裝偵煙式住宅用火災警報器。此外，可在廚房安裝定溫式火災警報器，以免警報器因為煮飯時的油煙而誤判。

要注意的是，各縣市或行政地區的住宅用火災警報器設置辦法可能有出入，請先查清楚再進行安裝。

為了拯救來得及拯救的生命

在五金行就能買得到警報器，價格大約落在五百至一千元之間，而且只需要螺絲起子就能安裝。

因應不時之需的準備
7
試著做出
「安全又輕鬆的姿勢」

若遇到急症或受傷的人，可讓他們維持「復甦姿勢」作為臨時處置

復甦姿勢的步驟

讓傷者或病患從仰躺改成側躺

將上方的手從下巴伸到臉部下方

讓下顎稍微往前推出，保持呼吸順暢

上方的腳往前推，使膝蓋彎曲
※要確保氣管暢通

「復甦姿勢」是一種能保護因為急症而昏迷的人，或身體不適、受傷的患者，減輕他們的痛苦的姿勢。

讓失去意識（還有呼吸）的人或是正在嘔吐的人維持復甦姿勢，可避免舌頭縮到喉嚨深處，或避免被嘔吐物堵住喉嚨，導致窒息。

復甦姿勢只是救護車趕來之前的應急措施，**如果呼吸不正常，就必須進行心臟按摩或是使用AED救急**。

✕ 讓呼吸不正常的人維持復甦姿勢

不可以讓失去呼吸或是無法正常呼吸的人維持復甦姿勢，因為他們的心肺功能很有可能已經停止運作，所以要立刻進行心臟按摩。

✕ 不要勉強傷者與病患維持復甦姿勢

若傷者或病患覺得維持復甦姿勢很不舒服，不要強迫他們維持復甦姿勢。

對於意識清楚的人來說，復甦姿勢有可能很不舒服，所以重點在於讓他們保持輕鬆、舒服的姿勢。

★消防救難隊的現場經驗

如果急性酒精中毒或是濫用藥物的可能性很高，除了讓病患維持復甦姿勢，也要打電話叫救護車。此外，小朋友若是發生熱痙攣，也可以讓小朋友維持復甦姿勢。

因為**我們消防救難隊很常看到失去意識卻還有呼吸的病患的情況突然惡化，在旁邊照顧的人也會快速消耗體力，請務必保留體力**。

所以讓傷者或病患維持復甦姿勢、確保呼吸道暢通，等待他們恢復意識後再進行適當的緊急處置吧！

為了拯救來得及拯救的生命

- 可自行嘗試復甦姿勢。
- 復甦姿勢與呼叫救護車需同時進行。

因應不時之需的準備
8
了解「心臟按摩」的重點

見到傷患沒有反應或是失去呼吸時，不要猶豫，立刻施行「體外心臟按摩（壓迫胸骨）」

很多人擔心「體外心臟按摩（壓迫胸骨）會害對方骨折」，或是「因為性騷擾而被告」所以不太願意幫別人實施體外心臟按摩。

不過，**在你猶豫的這幾秒，原本能夠得救的生命可能會因此消逝**。

立刻實施體外心臟按摩可減少腦部受損的風險，所以立刻採取行動非常重要。

體外心臟按摩的重點

挺胸，打直手肘

雙手交握，利用手掌根部按壓

將傷患的下巴微微往外推，維持呼吸暢通

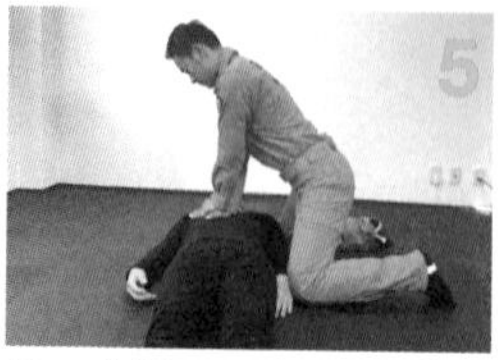

以一分鐘100～120次的頻率垂直按壓

孩童的情況

以單手實施。有些孩童的體格可用雙手實施。

※按壓的深度與大人相同。

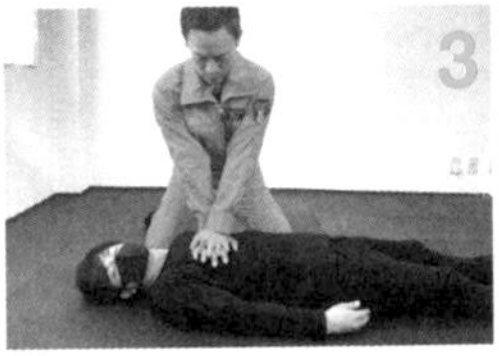

將手掌抵住胸口正中央

幼兒（未滿一歲）的情況

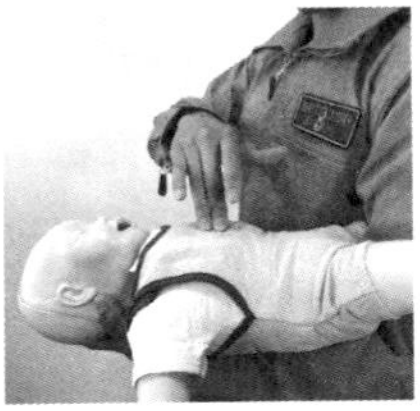

以兩隻手指抵住兩側乳頭之間的中心點，再往下按壓。深度大約是胸口的三分之一左右。

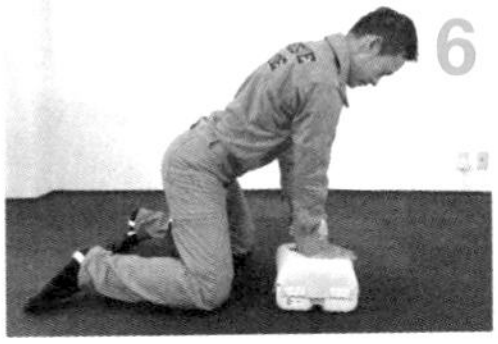

以「用力、快速、不間斷」的方式按壓，深度大約是胸口下沉5公分的程度

★以COVID-19為前提

替大人實施體外心臟按摩的時候

不需要進行人工呼吸，直接實施體外心臟按摩以及**利用AED實施電擊治療**。

替小孩實施體外心臟按摩的時候

如果**喉嚨被東西堵住或是因為溺水喝了很多水**，又或者因為窒息而有可能停止呼吸的話，就可進行人工呼吸。

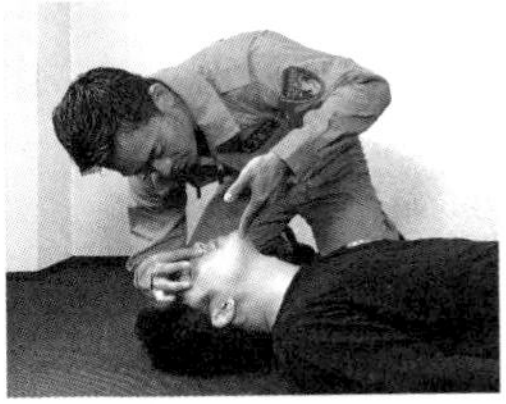

★體外心臟按摩該做到什麼地步？

◎做到救護人員接手為止。

◎做到傷患恢復呼吸為止。

◎做到傷患有一些目標反應為止。

因應不時之需的準備
9
「AED」須在心跳停止五分鐘之內使用

心跳停止時，快使用誰都能簡單操作的「AED」

心跳停止或是呼吸停止、心房顫動時，可利用去除顫動的「AED（自動體外心臟去顫器）」給予電擊治療。

AED在啟動後，會播放語音指令，**所以就算是沒接受過講習的人也能夠操作。最近也有會自動進行電擊治療的AED。**

假設看到傷患倒在地上失去反應與呼吸卻不立刻予以急救的話，傷患得救的機率每分鐘會降低7～10％，所以請盡可能在五分鐘之內使用AED。

AED的使用方法

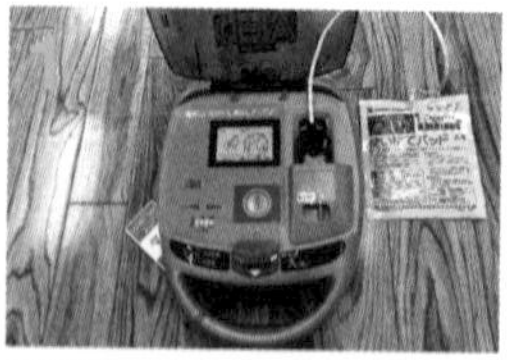
打開蓋子，就會自動開啟電源

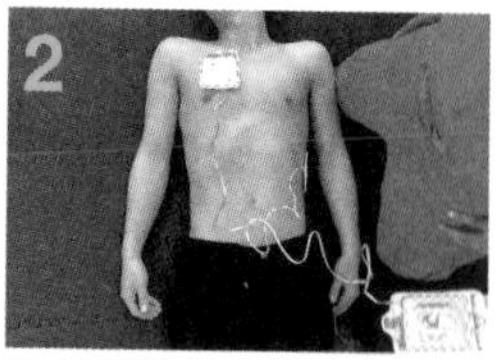

將電擊貼片貼在右胸與左側腹部的下方。感覺就像是夾住心臟一樣

AED會自動開始分析。如果需要電擊，可跟隨語音指令按下按鈕

小學生以上的年齡使用「成人模式」

小學生以下的年齡使用「嬰幼兒模式」

※不同機種的操作方式可能不同

NG行動

✖ 不能猶豫是否要使用

「我沒接受講習」、「我沒用過」……不要因為這些理由而不敢操作 AED。總之最重要的就是盡早將 AED 拿到現場，以及跟隨語音指令操作。

為了拯救來得及拯救的生命

● 如果發現倒在地上的傷患失去呼吸，則立刻實施體外按摩。如果傷患仍有呼吸，但失去意識，就立刻準備AED。

● AED拿到現場之後，立刻打開蓋子並貼上電擊貼片。

★使用AED的兩個注意事項

①成人模式、幼兒模式

還沒上小學的兒童可利用幼兒模式治療（有些AED備有嬰幼兒電擊貼片或是嬰幼兒專用功能Key，也能切換模式）。小學生以上的年齡則可使用成人模式治療。※如果從體格看不出是否為小學生，就以成人模式治療。

②拿掉貼布、項鍊這類阻礙物

為了讓電擊貼片直接貼在皮膚表面，要撕掉痠痛貼布這類阻礙物；如果皮膚濕答答的話就用毛巾擦乾；項鍊、胸罩這類貼身的東西要先拿掉。如果有裝心律調節器（胸口有點隆起，好像有東西裝在裡面）時，要將電擊貼片貼在距離心律調節器三公分的位置。

TAICHO's RESCUE COLUMN 01

發生日本311大地震時，現場消防救難隊隊員的心聲

二〇一一年三月十一日（星期五）發生了日本三一一大地震。當時以消防隊員為志願，還是學生的我看到了招募復興志工的海報，便於災難發生的一個月之後，也就是四月的時候進入災區，擔任了一個月的志工。

抵達現場後，觸目皆是從未見過的悲慘世界。環顧四周，盡是不斷哭泣的災民，還只是一名學生的我只能一直問災民「還好嗎？」，或是幫忙災民從被埋在瓦礫堆中的「家」，找出充滿回憶的東西。

雖然許多災民都跟我說「謝謝」，但其實我很自責，因為覺得自己其實沒能幫助任何人。

我一直相信，消防救難隊的使命就是要盡可能拯救更多的人。

日常做好面對災難的事前準備，同時也要檢視緊急時刻的應變方案是否充足，還可以與重要的人一起討論遇到「萬一」的時候該怎麼辦。如果每個人都能記住日本三一一大地震的教訓，我們一定可以更從容面對下一次的考驗。

沒有人能夠獨自面對災難。除了災害本身帶來的衝擊，事後的二次傷害也可能造成更大的傷痛，為了不被擊倒，我們也必須加深與其他人之間的羈絆。

為了保護自己與重要的人的生命，平日就得防患於未然。

第2章

遇到天災時的處置

BOUSAI JITEN

面對地震的方法
1
實踐
「三大基本行動原則」

地震發生時，「不要被打到」、「不要被割到」、「不要被壓住」

發生地震後，要記得遵守三大基本行動原則：

①「不要被打到」：**頭部不要被掉落物或是桌子的邊角打到**，一感覺到搖晃就先保護頭部。

②「不要被割到」：**不要被玻璃或是利器割到手腳**，在家也要記得穿鞋子。

③「不要被壓住」：**不要被冰箱、書櫃這類重物壓得動彈不得**，記得立刻躲進安全區域。

✕ 不要衝到外面去

地震一發生就急著衝出戶外的話，有可能會被外牆或是招牌這類沉重或銳利的東西砸到，因而受重傷。

✕ 不要光腳跑來跑去

碎玻璃或是散落在地面的東西都有可能割傷腳，導致無法避難，所以記得在室內穿上鞋子。

✕ 不要鎖門

如果躲進廁所或浴室後鎖門的話，反而會被關在裡面。所以一感覺到搖晃，記得把門打開。

✕ 不關掉總電源就避難

離開家的時候記得關掉總電源，才能避免火災發生。

★如果被重物壓住

長時間被重物壓住會對身體造成極大的負擔，非常危險。

如果陷入如此困境，不要大聲呼叫，而是**敲打身邊的物品發出聲響，盡量保留體力，持續發出求救訊號**。

平日的準備則是將沉重的家具固定在牆壁或是天花板，避免這些家具傾倒，以及在寢室規劃安全區域。如果能準備急救箱、求救專用的哨子，就更萬無一失了。

為了拯救來得及拯救的生命

設置地震自動斷路器，就能避免地震之後發生火災。

面對地震的方法
2
前往「又高又堅固的地方」避難

海嘯發生時，不是逃往遠方，而是躲到高處避難

海嘯一旦超過三十公分，我們就不可能站穩，喪命的風險也會大增（即使沒超過三十公分，仍然需要避難）。

地震發生後，如果剛好待在靠近海洋或河川的場所，必須立刻避難才能遠離海嘯。此時的重點不在於避難的距離，而是避難的高度**，立刻躲往高處或是指定為海嘯避難地點的建築物才能逃過海嘯的侵襲**。假設避難場所很遠，請逃到五樓以上的水泥建築物（例如飯店）進行垂直避難。

✖ 不要跑去觀賞海面或河川

不要以為「沒事」或是好奇「海面與河面的情況」就跑去看海或是河川，因為這樣非常危險。海嘯會沿著河川從下游奔往上游，所以千萬不要在發生海嘯的時候接近這些地方。

✖ 不要開車逃往遠處

地震發生後不要開車避難，因為這樣有可能會發生車禍或是被卡在車陣之中，反而無法及時避難。

開車避難也會導致消防隊、警察或是軍隊無法將車輛開入災區救難，所以一聽到海嘯警報，就立刻徒步躲往海嘯避難大樓或是高地吧。

★海嘯的速度有多快？

海水越淺，海嘯的速度就越慢。但海嘯到了海岸附近之後，時速也有四十公里左右，這速度與奧運短跑選手差不多，所以**看到海嘯才避難的話，幾乎不可能逃過一劫**。

為了拯救來得及拯救的生命

確認災害潛勢地圖及疏散避難地圖，了解該區的海嘯避難場所。

面對地震的方法

3

待在「戶外」之際的面對方式

剛好待在「戶外」時，切記不要慌張，保持冷靜再採取行動

如果發生地震的時候剛好待在戶外，**可就近躲進堅固的建築物，如果建築物離得太遠，則與建築物保持距離。注意建築物是否會傾倒、外牆是否會掉下來**。

此外，發生地震之後，到處會出現許多平常不會聽到的聲音。例如建築物搖晃的聲音、警報的聲音、消防車的警報聲、人們的哀嚎聲……**如果因為這些聲音而陷入恐慌，就有可能被捲入二次災害**。

此時切記不要慌張，先掌握情況再採取正確的避難行動。

NG行動

✕ 火車或捷運：不要衝到軌道上

絕對不要利用緊急開門旋鈕打開門窗並衝到軌道上面，因為這些軌道都有高壓電，一不小心就會被電死。請遵守站務員的指示避難。

✕ 公車：不要衝到駕駛座或是最後面的座位

地震發生之後，公車有可能會被追撞而遇到二次災害，所以千萬不要衝到駕駛座或是最後面的座位。

✕ 電梯：不要硬把電梯門撬開

被關在電梯裡面的話，千萬不要硬把電梯門撬開，因為有可能會掉進電梯井。

★各種場合的避難重點

①搭乘火車或捷運的時候

抓住座位或是扶手，一邊護住頭部、一邊採取低姿態。

②搭乘公車的時候

往公車的中央走道移動，再依照搭乘電車的方法採取低姿態，避免受傷。

③搭乘電梯的時候

立刻按下所有樓層的按鈕。如果電梯停下來，等到電梯門正常開啟後再逃出電梯。如果被關在電梯裡面，記得按下緊急按鈕求救，等待救援。

為了拯救來得及拯救的生命

如果擔心被關在電梯裡面，可準備一些緊急存糧、臨時廁所或是其他防災用品。

面對地震的方法
4
「正在開車」的情況

若在「開車時」遇到地震，千萬不要緊急煞車，要慢慢停下來

如果在開車時遇到地震，記得依照下列的準則行動：①**打方向燈後慢慢降低時速，滑向馬路的右側**。②在地震完全停止之前，不要走出車外。③透過收音機或智慧型手機收集資訊。④避難時，**盡可能將車子開到馬路之外，然後徒步走去避難**。遇到不得不把車子遺棄路邊避難時，記得將車子停靠在馬路右側、關掉引擎，**並且把車鑰匙留在車裡，不要鎖車，再去避難**。

✕ 緊急煞車

千萬不要因為搖晃而緊急煞車，也盡可能避免被後車追撞這類交通意外。

✕ 鎖車之後丟著不管

必須將車子停在路上獨自前往避難場所時，如果鎖上車門又沒留車鑰匙，會擋住救護車或是消防車，導致需要救援的人得不到救援。

★在車裡避難的注意事項

①一氧化碳中毒

冬天開著暖氣時，**汽車的排氣管（muffler）有可能會被積雪堵住，導致廢氣逆流至車內造成危險**，也要特別注意有可能會因為吸了太多廢氣而心跳、呼吸停止。

②經濟艙症候群

由於車內空間狹窄，**腳沒辦法完全伸直，久而久之血液循環會變差，也容易形成血栓，甚至有可能因此出現呼吸困難的症狀**。所以長期在車內避難時，記得適時補充水分以及伸展一下手腳。

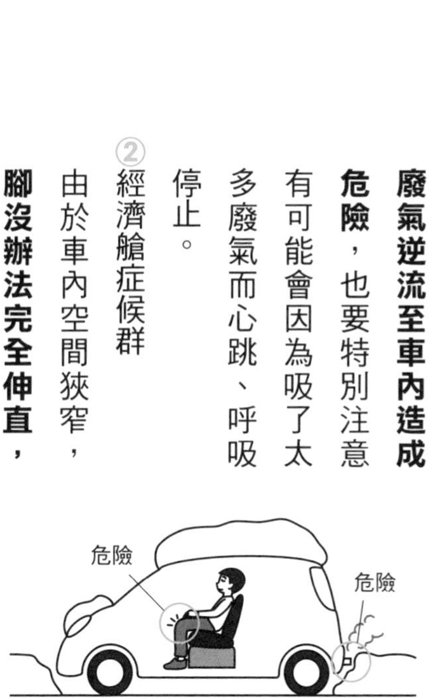

避難、在災區生活
1
「避難場所」分成兩種類型

發生災害時，若是需要緊急避難可前往「避難地點」，而若需要長期避難則可前往「避難所」

要是以為**遇到災難就要趕快躲到「避難所」**，反而很有可能因此遇到攸關生死的危機。雖然「避難地點」與「避難所」只有一字之差，但是功能卻完全不同。

①**避難地點是確保生命安全，臨時避難的場所**。例如公園或是學校操場就是這類場所。

②**避難所則是收容災民、提供災民生活場域直到災難結束的場所**。公共設施或是體育館就是其中一例。

✕ 堅持前往避難所避難

避難所是利用學校體育館設立的臨時起居空間，所以在那裡不會有個人隱私、也沒有能讓災民舒服躺著的床鋪。總而言之，就是為了那些無法留在家裡避難的人所準備的場所，所以若還能待在家裡，就「在家裡避難」吧。

在家裡避難的檢查重點

①看看房子有沒有出現裂痕　②鄰居的家有沒有著火
③有沒有土石流的危機　④房子有沒有浸水

★該怎麼找到這些地方

各地避難地點可透過地方政府發行的**「疏散避難地圖」**得知。

如果是有可能發生海嘯的臨海地區，應該都會指定某些大樓或高地作為「海嘯避難場所」。

每個地區的潛在災難都不同，所以平時務必確認該地區的疏散避難地圖或是災害潛勢地圖，**也要試著依照地圖的指示前往避難地點或是避難所，看看能不能順利抵達這些地點**。

為了拯救來得及拯救的生命

有些地區設立了方便小孩、年長者、身障者避難的專用避難所。

避難、在災區生活
2
了解在「避難處避免感染病毒的方法」

在避難所避難時，要盡可能減少各方面的生活壓力

在**避難所避難的時候**，很容易出現下列這些壓力：

①不安與恐懼造成的壓力。

②與過往日常生活不同所產生的壓力。

③**跟別人一起生活的壓力**。

此外，避難所通常會湧入許多災民，所以要特別預防流行性感冒、諾羅病毒、新冠病毒等等傳染疾病。例如盡量避免**飛沫傳染以及保護個人隱私**，盡可能排除令人不安的因素。

✕ 尚未決定避難場所

不要在災難發生之後才決定要去哪個避難地點或是避難所避難，要防患於未然，提早透過疏散避難地圖決定這些地點。

此外，為了避免所有人都擠在同一個地點避難，**可先決定多個避難地點**，再視情況前往適當的避難地點。

✕ 喝酒與大聲喧嘩

有些人在避難所避難時會為了緩解緊張與壓力而喝酒，但這樣很可能會造成別人的困擾。所以要盡可能為了彼此著想，不要做這些有可能造成他人麻煩的行為。

★可於避難所實施預防飛沫傳染的對策

- 盡可能與別人保持二公尺以上的距離，並且時常保持空氣流通與打掃。
- 在與他人的界線之間設置隔板（例如紙箱、墊子、籃子……）。
- 想咳嗽時，記得遵守公共衛生的規則：

❶戴口罩。
❷用衛生紙摀住口鼻。
❸用袖子或是衣服的內側摀住口鼻。

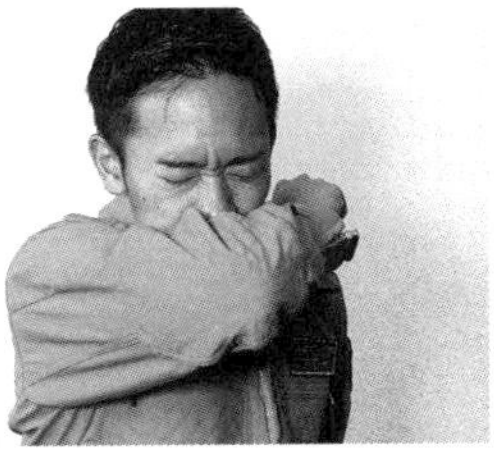

為了拯救來得及拯救的生命

在避難生活包（第18頁）準備口罩、酒精消毒液與體溫計。

避難、在災區生活
3
「蓄水」

在地下維生管線系統停止運作時，「有效率地」使用備用資源吧

發生災害之後，自來水、電力、瓦斯這類地下維生管線系統很有可能會停擺，所以要記得於平日準備一些能代替上述資源的物資。

尤其「水」特別重要，因為除了喝水，上廁所、洗手、擦身體都需要水。**尤其飲用水這類賑災物資往往需要幾天才能抵達災區**，所以飲用水千萬不要用在飲用之外的用途，可以**試著將蓄在浴缸的水或是馬桶水槽的水當成一般生活用水使用**。

救難隊員準備的防災用品

手電筒	多功能工具鉗（可當成剪刀或是螺絲起子使用）
行動電源	
三天份的水（一天3公升）	
簡易氣墊床	
臨時廁所	
緊急糧食（例如水果罐頭）	防切割手套 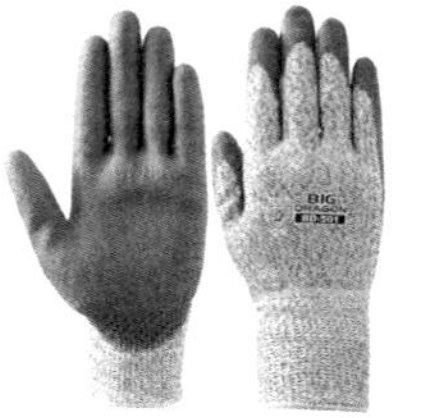
面紙	
衛生紙	
內衣褲（三天份）	

照片：藤原產業株式會社

★利用寶特瓶節約用水的小技巧

將裝有水的寶特瓶鑽洞

轉開瓶蓋，水就會從洞口流出來

扭緊瓶蓋，水則會停止流出

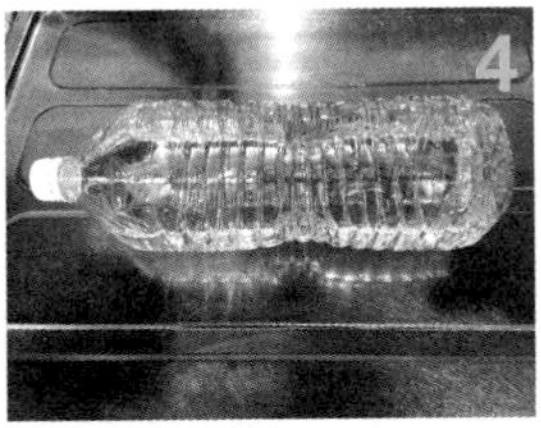

不使用的時候，將洞口朝上，就不會漏水

為了拯救來得及拯救的生命

帶著防災用品去露營，確認需要哪些物資。

避難、在災區生活
4
讓「避難生活」更安全舒適的方法

避難時，照著「平常的方式」生活

災難除了會直接造成損失，也會造成二次傷害。比方說，有些人會因為不習慣避難生活而罹患**心理疾病或是老毛病惡化**，有時還會出現「災害相關死亡」這類現象，也就是災害發生一陣子之後，許多人因為災害而死亡的現象。

此外，當社會因為大型災難而陷入混亂時，也會有人**趁虛而入**從事犯罪行為。

為了能在避難所過原本的生活，所有人都要互相幫助，減少各種危險與壓力。

✕ 在玄關貼紙條，說明自己不在家

不要在門上貼「在〇號之前不在家」這種每個人一看都知道「家裡沒人」的紙條，因為很有可能會被闖空門。

✕ 晚上的時候，不要讓小孩或是女性落單

有些歹徒會以「賑災物質會在晚上送來」這種話術讓小孩或是女性一個人在晚上前往指定的地方，然後趁機犯案，所以千萬要小心這類型的犯罪。

★避難生活的重點

①避難所的管理及運作事務，要不分性別共同參與，甚至要盡可能**讓所有人都一起加入維持工作**。

②利用窗簾或是紙箱**保護個人隱私**。

③活用臨時廁所，保持乾淨與舒適的生活空間，也要準備足夠數量的臨時廁所。

④利用簡易床墊，確保睡眠品質。

⑤打造一個大家一起照顧嬰兒、兒童、年長者、身障者、病患的環境。

為了拯救來得及拯救的生命

貴重物品或是防身哨子都要片刻不離身。

預防颱風的方法

實踐「SCNG」

颱風來襲時，「提早因應」以及「不要外出」

颱風造成的損失往往難以想像，所以一聽到相關的氣象警報，**就要在颱風接近之前提早因應**。消防救難隊通常會以「SCNG對策」應對。

「S（Sheet）」：在玻璃窗貼膠帶或是波浪板。

「C（Close）」：關上窗戶、雨戶、鐵門與窗簾。

「NG（No Going out）」：減少外出，也不要讓家人外出。

利用膠帶避免玻璃窗破裂

以交叉的方式貼膠帶
※不要使用封箱膠帶，因為很難撕乾淨

利用波浪板避免玻璃破裂

將波浪板貼在玻璃窗靠室內這一側（如果能夠連室外那一側都貼的話會更理想）
※不要使用瓦楞紙板，因為紙板被淋濕就會變軟

為了拯救來得及拯救的生命

- 將曬衣桿或是一些戶外的東西收進室內。
- 利用波浪板或是其他工具避免玻璃窗破裂。

NG行動

✖ 搭車移動

颱風來襲時，不要以為搭車就很安全。因為就算積水不深，車子也有機率會被沖到河裡，而且行車視線也不佳，更有可能被掉落物砸中。

✖ 在一樓睡覺

一旦家裡淹水，家具就會變成障礙物，變得難以往二樓移動。如果因為來不及前往避難地點而需要在家裡避難時，建議在二樓以上的樓層睡覺。

★「水袋」的製作方法

只要有容量五十公升的塑膠袋、防水墊與水，就能製作水袋取代笨重的沙包。

先將兩個塑膠袋套在一起，然後裝滿水

接著放進沙包袋就完成了

★利用水袋預防颱風

①避免家裡泡水

在防水墊上多放幾個水袋堵住門縫

②避免汙水倒流

用水袋堵住廁所或是廚房的排水孔

因應大雨的方法

▼

「利用避難流程」判斷情況

事先了解在大雨造成災害時的「避難判斷基準」（參考天氣警特報*等級）

＊天氣警特報是由中央氣象局直接對居民發送的訊息，主旨是為了讓居民了解「災害的危險程度」以及「應變措施」，其中淹水警戒分成兩個等級。

正因為是和生活息息相關的「雨」，所以更容易來不及避難以及遇到危險，重點在於了解「避難判斷基準」與**盡早避難**。

如果在自家附近的河川氾濫時開車避難，很有可能會遇到下列的危險：

①沒發現地下道淹水，而被卡在地下道動彈不得。

②因為塞車而來不及逃難。

若車子沉入水中，車門會因為水壓而打不開，此時有可能會因車內進水而溺斃。

大雨襲來之際的避難判斷流程

START!

災害潛勢地圖是否標記了自家附近的地區呢？

※若有標記，很可能出現淹水或是土石流這類天災

YES → 需要從住家撤離與避難

NO → **根據**各地方政府的避難資訊「視情況」**避難**

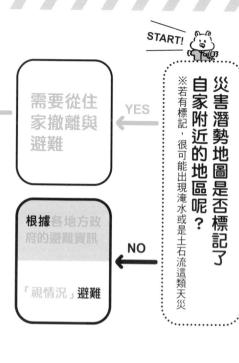

需要很多時間撤離？

- YES → **有沒有住在安全地區的親戚或是朋友？**
  - NO → 「出現一級警戒，有 70% 機率三小時內開始積淹水」的情況：前往各地方政府指定的緊急避難地點避難
  - YES → 「出現一級警戒，有 70% 機率三小時內開始積淹水」的情況：住在安全地區的親戚或是朋友家中避難
- NO → **有沒有住在安全地區的親戚或是朋友？**
  - NO → 「出現二級警戒，有 70% 機率已開始積淹水」的情況：前往各地方政府指定的緊急避難地點避難
  - YES → 「出現二級警戒，有 70% 機率已開始積淹水」的情況：前往住在安全地區的親戚或是朋友家中避難

★西日本豪雨災害與救難經驗

二〇一八年的七月，西日本一帶遭受暴雨襲擊，多處出現河川氾濫與土石流的危險。儘管災區透過警報敦請居民避難，但是仍然有不少人遇難，而且大部分都是年長者。

馬路被泥水淹沒、土石流沖進家裡，汽車與地基也被沖走，因此難以救援。

請大家務必記得的是，大雨會導致救難隊與等待救援的災民無法看清楚周遭的環境，所以很容易引起二次災害。

為了拯救來得及拯救的生命

徒步避難時，要注意蓋子被沖走的人孔洞或是水溝口。

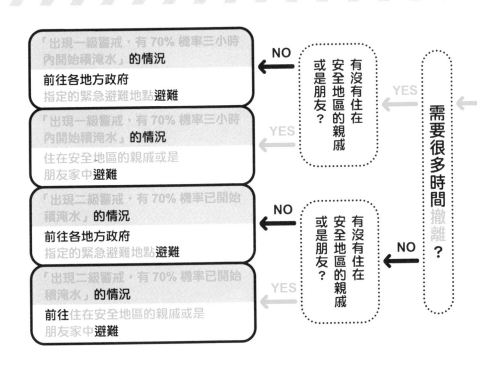

打雷、閃電的應變措施

▼

聽到打雷閃電時，遠離樹木或電線桿這類的「高聳物體」

聽到雷聲時，遠離樹木或電線桿這類「高聳的物體」

閃電通常會落在高聳的物體，所以就算周遭沒有建築物，也**千萬不要在樹下躲雨，以免被閃電擊中**。

假設待在運動場、高爾夫球場或是山頂遇到打雷閃電，**又發現自己是最高的物體時，請立刻避難**。

如果附近有房子，就**立刻逃進室內，並與電器、牆壁保持一公尺的距離**。不管是木造房子還是鋼筋水泥的房子，待在室內都比較安全。

NG行動

✕ 在高聳的物體底下避難

待在樹下或是電線桿旁邊非常容易被閃電擊中，十分危險。遇到打雷閃電時，至少要與附近最高的物體保持4公尺的距離，或是趕快躲進附近的建築物與車裡。

✕ 自己就是最高的物體

如果剛好待在運動場、高爾夫球場、足球場、沙灘、海上、室外游泳池等諸如此類的空曠場所，而且自己又是最高的物體的話，就有可能會被閃電擊中。所以若是聽到雷聲，就趕快躲進室內吧！

★待在車內相對安全

很多人以為車子是金屬製的，所以容易被閃電擊中，但**其實躲在車內比待在室外安全**。這是因為閃電（電流）會經過車體導向地面，所以待在車內比較不會有觸電的危險。

要注意的是，就算待在車內，接觸門把或其他金屬材質的構造時還是有觸電的風險。此外，待在敞篷車裡面，也有可能直接被閃電擊中。

為了拯救來得及拯救的生命

待在車內相對安全，所以就算開車時遇到打雷閃電也不要慌張，保持冷靜即可。

土石流的應變措施

▼

了解「徵兆」

下大雨的時候，要特別注意「土石流」

當大雨造成土石流這類災害，現場的環境肯定會變得很不穩定，建築物隨時都有可能倒塌，需要一段時間才能展開救援，所以常常會有很多人來不及得救。因此平常就要透過「災害潛勢地圖」掌握哪些地點比較危險，還要**了解一些土石流發生之前的「徵兆」**，才能在第一時間避難。

如果來不及逃難，**①請跑到二樓以上的樓層（越高越好）避難**，或是**②盡可能朝山（懸崖）的另一側逃難**。

來不及逃難，必須在家裡避難的情況

NG行動

✕ 靠近土石流災區

無論如何都不可以靠近土石流災區，因為發生二次災害的風險非常高。

✕ 以為在危險地區之外就安心

災害潛勢地圖會標示「土石流災害警示區」或是「土石流災害風險區」這類危險地區，但就算自家不在這些地區之內，只要附近有「懸崖」或是「小河」，都需要提高警戒。

★透過「眼、耳、鼻」注意土石流前兆

「眼睛」：看到**懸崖、地面出現裂縫或坡面噴水**，這些都是危險訊號。此外，河水變濁或是出現一堆流木也是危險訊號。

※下大雨的時候，不要跑去看河面的情況。

「耳朵」：**聽到高山或地面傳出類似英文「GO」、「咕隆咕隆」這類聲響**，就是危險訊號，因為這些是上游出現土石流或是土石開始崩壞的聲音。

「鼻子」：**聞到濃濃的腐植土臭味或是焦味時**，就是危險訊號。這代表上游的石頭或是樹木互相碰撞，冒出火花了。

火山爆發的應變措施

▼

了解「火山活動等級及預警發布機制」

火山爆發時，根據「火山活動等級及預警發布機制」採取適當的避難行動

警戒等級	現象說明	避難指示
等級2級 警報（紅燈）	火山已有噴發或即將噴發跡象	●火山口周邊管制 ●入山管制 ●避難
等級1級 注意（黃燈）	火山有噴發跡象	成立火山災害應變中心，視情況執行： ●火山口周邊管制 ●入山管制 ●避難弱勢人口掌握 ●通知民眾做好疏散撤離
等級0級 正常（綠燈）	火山活動正常	相關單位預先劃定火山口周邊、規劃入山管制及災害潛勢區警戒管制範圍，並規劃相應作為及訊息發布機制。

※依照警戒程度不同，請遵從相關單位的避難指示進行疏散。

火山爆發時，**「噴石」、「火山碎屑」、「火山灰」**都非常危險。

請大家務必記住上表的內容，以便依照中央氣象局發布的**「火山活動等級及預警發布機制」迅速採取適當的避難行動**。可依照居住地的避難指示避難。

此外，**雖然「火山灰」不會立刻危及生命，但還是會造成大範圍損失，對生活造成各種影響**。所以別因為距離火山很遠就掉以輕心，還是要保有正確的防災觀念。

【火山爆發時的避難服裝】

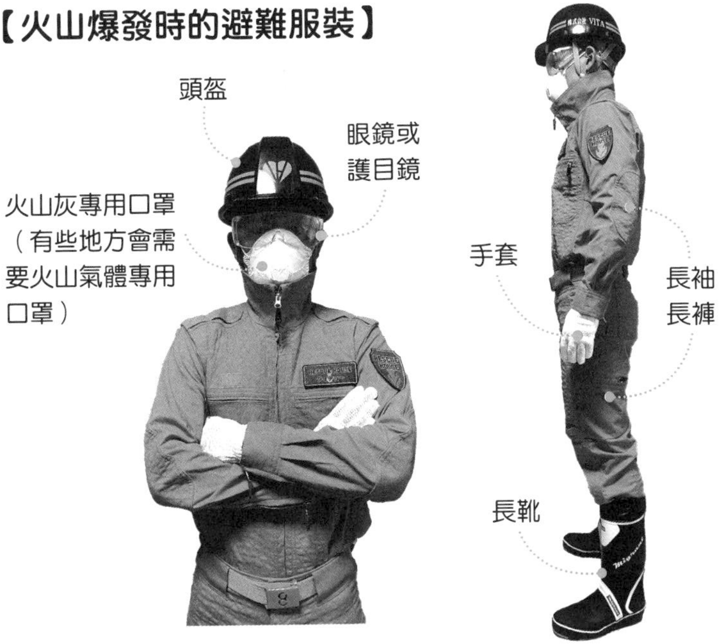

★「火山灰」造成的危險

①引發交通意外

火山灰的範圍很廣，風一吹就會漫天飛舞**導致視野變得不清楚，因而容易引發交通意外，所以開車時要特別小心**。

②有害健康

火山灰很容易溶入於水，一沾到頭髮就很難拿掉。**如果吸進太多火山灰，肺部與氣管都有可能受傷，所以小孩與年長者要特別注意這點**。待在家裡的時候，盡可能不要開啟通風扇。

為了拯救來得及拯救的生命

- 了解「火山潛勢圖」。
- 準備避難服裝。

TAICHO's RESCUE COLUMN 02

大型颱風來襲之際的消防救難隊現場

近年來，幾乎每一年都會遇到大型颱風，日本全國也因此災難頻傳。各位是否曾因颱風而感到生命危險呢？在此為大家介紹消防救難隊在大型颱風災害現場遇到生命危險的過程。

大型颱風來襲的那天，早上十一點就接到第一次出勤的命令，等到回到消防署時已經是晚上九點，花了十分鐘扒完晚餐之後又立刻出動，回到隊上已經是半夜三點多。

光是在當天連續出勤的現場就感受到好幾次生命危險，每次都是民眾因為來不及逃難而申請救援，我也切身感受到在事態演變到最糟糕的情況之前避難有多麼重要。

為了讓大家感受一下颱風造成的災害有多麼危險，在此為大家介紹三個災害現場：

①倒塌的電線桿貫穿住宅的牆壁與屋頂，不斷冒出火花的電線就掛在玄關前面，而我們必須從房子裡救出九十歲的老奶奶。電線的火花相當危險，最後消防隊與電力公司合作，才成功救出老奶奶。

②從被強風吹翻的汽車之中救出三十幾歲女性。當時空中到處充斥著瓦片、玻璃與招牌，前去救援的我們隨時都有可能被砸中。

③看到屋簷快要倒塌的民眾打電話要求我們出勤與處理。由於家裡只有小孩，所以我們只能搭梯子固定屋簷爬進去。

颱風本身會造成災難，因強風造成的二次災害也有可能會危及到生命安全。

第 3 章

日常常見的意外、災害與問題的應變對策

BOUSAI JITEN

火災的應變措施
1
壓低姿勢的
真正理由

火災時，要了解「濃煙的動態」，「隨時壓低姿勢」並快速避難

火災發生之後，煙霧（上）與空氣（下）的分界線稱為「中性帶」

什麼都看不見
的有毒煙霧
新鮮的空氣

重點① 蹲著行動　重點② 沿著牆壁行動

根據數據顯示，超過半數的火災遇難者都是因為濃煙（一氧化碳中毒與窒息）而死亡。由於煙霧會不斷往上竄，所以避難時要壓低姿勢並用隨身手帕或衣物摀住口鼻，避免吸入煙霧。

此外，這類煙霧都具有毒性，所以在火災現場睜開眼睛的話會有強烈的刺痛感，而蹲著走、壓低姿勢的話**視野會比較清楚**。避難的重點在於先蹲著確認逃生出口，再壓低姿勢朝逃生出口前進。

真正恐怖的是
「濃煙」

為了拯救來得及拯救的生命

練習沿著牆壁移動到玄關（熟悉之後，可試著閉著眼移動看看）。

NG行動

✕ 站著逃命

發生火災時，煙霧與空氣之間會出現「中性帶」。此時若是站著行動的話，會破壞中性帶，導致下層的空氣與煙霧混在一起而無法看清楚周遭環境，逃生也會變得更加困難。此外，煙霧的溫度非常高，喉嚨也有可能會被灼傷。

✕ 往樓上逃命

煙霧平均上升速度為每秒3～5公尺，即便是奧運的短跑選手也難以逃脫。

★初期滅火非常重要

從發生火災到天花板佈滿火舌的這段期間稱為「初期滅火」。此時除了通知身邊的人，也要利用滅火器或是水快速滅火。

①通知身邊的人失火了。（發出巨大聲響／打119）
②確認是否來得及逃難。（視野還清楚的時候）
③進行初期滅火。（利用滅火器或是澆水）
④逃離火災現場。

火災發生之後的1～2分鐘
＝初期滅火的時間

如果火災是在室內發生，大概三分鐘就會燒到天花板，此時已無法進行初期滅火，所以請立刻逃難，交由後續抵達的消防隊滅火。

火災的應變措施
2
從「透天厝」的逃生方法

如果住家是「透天厝」，就利用「投擲」與「降下」的方式逃生

半夜**在二樓睡覺睡到一半突然發現火災**、整個房間都充滿煙霧時，通常已經是**整個天花板佈滿火舌的緊急情況**。

在這種無法從一樓逃生的時候，可利用寢室的寢具與「逃生梯」（或是逃生繩索）逃生。

從高樓層往下降時盡可能讓身體靠近梯子，然後**保持冷靜**，並且在**兩腳都踏在同一階之後，再繼續踏下一階**。

從二樓的寢室逃生的方法

「投擲」
將枕頭或床墊丟到樓下，充當緩衝墊

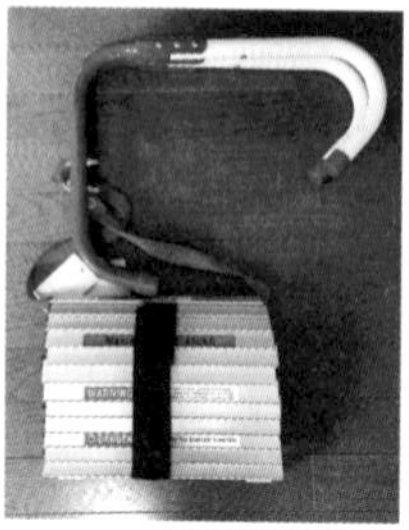

「降下」
利用逃生梯逃生。讓身體靠在梯子上，一步一步往下降

✕ 沒有半點準備就從二樓跳下來

◎從2公尺以上的高度往下跳非常危險，所以盡可能準備能平安逃生的環境。

◎從三樓以上的高度往下跳非常危險，所以可讓上半身探出窗外，並且呈現**「く字型」**的姿勢，讓臉部朝向地面，然後等待救援。

如果有陽台的話，就走到陽台。為避免吸入煙霧，壓低姿勢，等待消防隊救援。

く字型的姿勢

★火災初期的逃生方法

盡可能壓低身體，用手或是口罩摀住口鼻，**趁乾淨的空氣還沒與煙霧混在一起之前逃生**。

★不得不穿過火焰的情況

如果寢室附近有蓮蓬頭或是自來水，可先將全身淋濕。如果廁所就在附近，可將馬桶水槽的水淋在頭上再逃生。

重點在於淋了水之後快速穿過火焰，不要有半點猶豫。

※僅限於必須穿過火焰才能逃生的情況。

為了拯救來得及拯救的生命

平時就在寢室準備逃生梯或是逃生繩索。

火災的應變措施

3

從「大樓」逃生的方法

如果住家是「大樓」，就從陽台躲到樓下或是隔壁的房間

大樓的陽台通常會設計成能從兩個方向（樓下與隔壁房間）逃生的構造。如果沒辦法從自家的玄關逃生，那麼就改從陽台逃生吧！

①利用**逃生梯**躲到樓下。要注意的是，逃生梯不太可能每個房間都有一座，所以要先移動到有逃生梯的房間。

②**踹破隔板**就能移動到隔壁房間。建議穿了鞋子再踹，以免腳受傷。

從大樓逃生的方法

往「樓下」避難

使用逃生梯

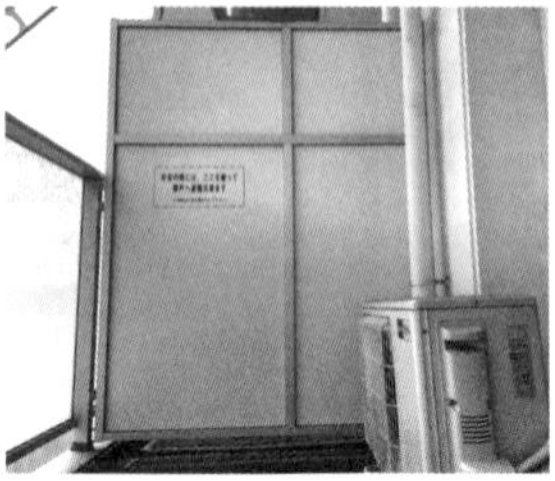

往「隔壁房間」避難

踹破隔板

✕ 不穿鞋就避難

就算是在陽台，只穿涼鞋逃生的話很危險。因為從逃生梯往下降的時候，腳有可能打滑；踹破隔板時，腳也有可能受傷。

踹破隔板的時候，要利用腳跟附近的鞋底多踹幾次，千萬不要用腳尖踢。

✕ 在隔板附近堆置物品

在隔板附近放置冷氣室外機或其他重物，有可能會阻礙逃生路線。

★逃生梯的使用方法

打開蓋子➡會看到兒童安全鎖，所以先稍微拉開再抽出插銷

固定蓋子➡一定要全部打開，不要只開一半

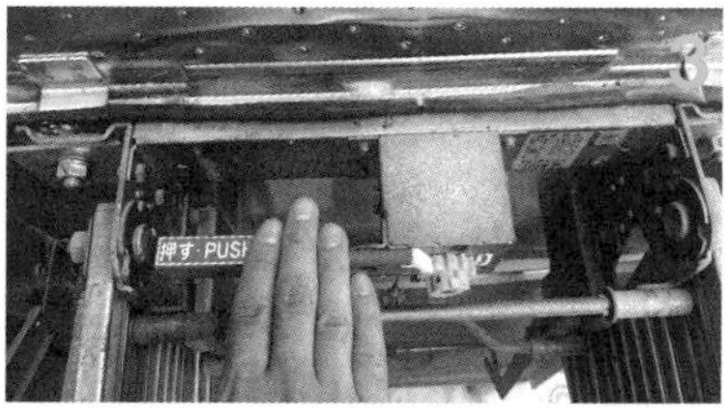

將逃生梯往下降➡利用手腳用力壓住固定架

利用逃生梯向下垂降➡讓雙手雙腳的其中三點隨時固定在梯子上，再緩緩下降

火災的應變措施

4

「火燒車」的原因

「車子」如果起火，汽油就會跟著燃燒，所以要「立刻逃到車外」

火燒車最可怕的就是燃料或汽油引發的熊熊大火。如果是**在車輛行駛的時候遇到火燒車，請立刻打方向燈後停車，從車裡出來並撥打１１９。**

假設火苗是從車裡竄出，可利用衣服、物品或是水進行初期滅火。要注意的是，**要以自身安全為第一，千萬不要勉強滅火。**

如果車子在馬路上，有可能會被後方追撞，**此時可利用三角警示牌或是信號燈提醒其他用路人，再前往安全的場所避難。**

✖ 明明聞到燃料的臭味卻還是發動引擎

在坐進停駛的車子後若聞到燃料的臭味，千萬不要發動引擎。由於燃料會起火燃燒，此時請先下車，再與保全公司聯絡。

✖ 明明在冒煙卻打開引擎蓋

如果在汽車的引擎室冒煙的時候打開引擎蓋，氧氣會瞬間竄入導致火勢變得更嚴重。手邊若沒有滅火器，請絕對不要打開引擎蓋，並且與車子保持距離。

★火燒車的常見原因

①**寶特瓶**
裝了水的寶特瓶會讓太陽光聚焦，導致車內的紙張或是其他易燃物燒起來。

②**噴霧罐**
放在車內的噴霧罐有可能會因為高溫導致爆炸。

③**火柴、打火機與香菸**
忘了熄火的話有可能會引發火災。如果會長時間離開車子，就把這些東西放在陽光照不到的地方，或放在包包裡。

為了拯救來得及拯救的生命

- 在車裡準備汽車滅火器。
- 不要在車內放置易燃物品。

火災的應變措施

5

在搭乘「火車」時發生火災

在搭乘「火車」時發生火災的話，請「大聲提醒其他乘客」以及「前往隔壁車廂避難」

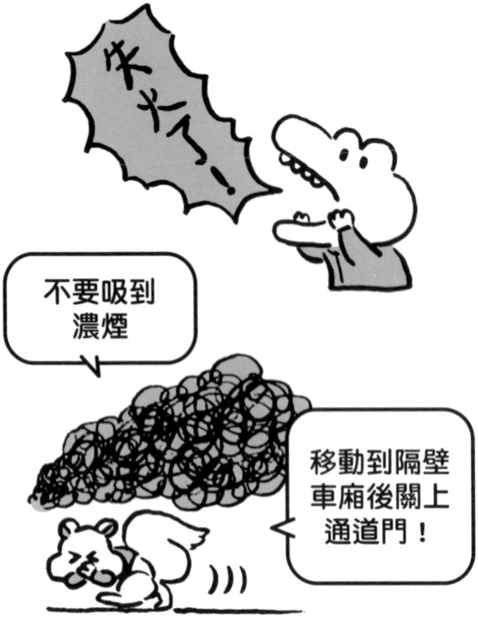
失火了！
不要吸到濃煙
移動到隔壁車廂後關上通道門！

若**在搭乘火車或捷運時遇到火災**，請依照下列的方式逃生：

①**「大聲提醒其他乘客」**：大聲提醒那些還沒發現火災，或是發現了火災卻不打算採取行動的人（正常化偏誤），讓他們能夠盡早逃生。

②**「壓低姿勢，逃至隔壁的車廂」**：壓低姿勢，避免吸到濃煙，然後迅速前往隔壁的車廂避難。

③**「關上車廂連接處的門」**：移動到隔壁車廂之後，關上車廂連接處的門，讓車廂與發生火災的車廂隔絕。

這是保護大家的行動喲！

NG行動

✕ 衝到車廂外面

就算車停了下來，也不能隨意走到車廂外面，尤其地下鐵的車廂外面很昏暗，軌道附近也有高壓電線。

車停下來後，首先要依照站務員的指示並冷靜採取行動。千萬不要自行使用「逃生把手」。

✕ 慌張地亂跑與避難

車廂是以非常耐火的材質打造，所以就算發生火災，火焰也不會立刻延燒。此時要保持冷靜，用手帕摀住口鼻，避免吸入煙霧，然後壓低姿勢前往隔壁車廂避難。由於不會立刻延燒，所以行有餘力的話，可在前往隔壁的車廂之前打開窗戶，以及在進入隔壁的車廂後關上連接處的車門，隔絕發生火災的車廂。

★按下緊急對講機的按鈕（SOS按鈕）

一般來說，車廂內都會設置緊急對講機這類通報裝置。**記得在遇到緊急情況時按下按鈕通知站務員**。

★在接到站務員指示前，不要打開逃生門

各車廂車門旁邊的座位或是車門上方都有逃生把手，通常旁邊會有三角形的標誌，這些標誌也通常會以紅框圈示。請大家記得這是對付縱火犯或是恐怖份子的最後手段。

為了拯救來得及拯救的生命

平常就要確認車廂內的「滅火器」、「緊急通報裝置」、「逃生把手」的位置。

火災的應變措施

6

從「地底」避難的重點

如果是「地下鐵車站」發生火災，跟著「避難方向指示燈」與「出口標示燈」逃生

地下鐵車站的出入口或樓梯通常很複雜，有許多地方可能容易積聚煙霧。

①**火災發生之後，請聽從站務員的指示或是廣播迅速避難**。

②假設火災發生了一段時間，火勢有可能越來越大，整個車站也可能充滿濃煙導致我們看不見四周的環境。此時還有可能聽不到站務員的指示，就必須**「自行避難」。請大家在這時候跟著「避難方向指示燈」與「出口標示燈」**自行逃生。

避難方向指示燈 指出逃生方向

出口標示燈 指出緊急出口的位置

✖ 不提醒周遭的人發生火災

車站都常會有偵測高溫與煙霧的「火災警報器」，讓站務員能夠快速鎖定發生火災的位置。不過，有時候我們會更快發現火災，此時可按下緊急按鈕，讓周遭的人知道發生火災了。

✖ 陷入慌張

地下鐵通常有可以上下通行的樓梯，如果非得經由這些狹窄通道避難的話，一定要告訴自己保持冷靜，避免與別人碰撞或是掉到月台底下，造成二次傷害。

★有兩個逃生方向的地點

原則上，**車站都會有兩條逃生路線，前往地面出口的路線也會每六十公尺配置一個指示燈**。

所以當其中一個出口被堵住時，請保持冷靜，立刻從另一個出口逃生。

避難時要盡可能「壓低姿勢」、「用手帕摀住口鼻」，採取最基本的火災逃生行動，避免自己吸入濃煙。

為了拯救來得及拯救的生命

如果看不清楚周遭的環境，可以單手摸著牆壁移動，避免自己掉到軌道上。

火災的應變措施
7
「滅火器」的使用方法

誰都能「拉、瞄、壓」地使用「滅火器」

設有**滅火器**卻因為不會使用而釀成火災的情況偶爾還是會發生。由於滅火器的使用方法很簡單，只要記住下列口訣就能學會使用方法：

①「拉」：將黃色的安全插銷往上拉。

②「瞄」：將皮管前端往上拉，讓皮管與滅火器主體分開，瞄準火源底部。此時千萬要小心，不要壓到壓柄。

③「壓」：用力握住壓柄，朝著正在燃燒的物體噴灑滅火藥劑。

滅火器的使用方法「拉、瞄、壓」

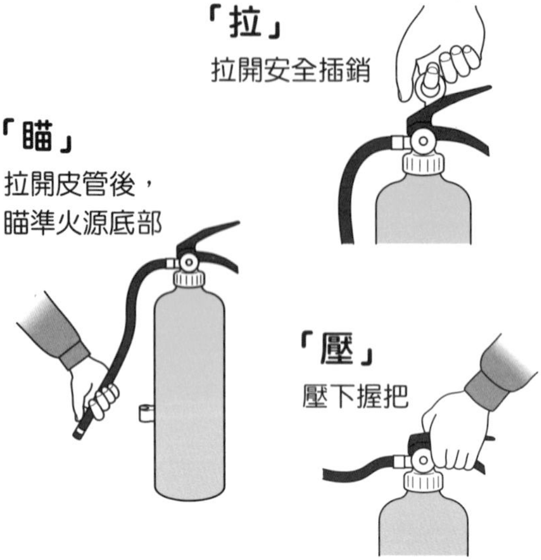
「拉」
拉開安全插銷
「瞄」
拉開皮管後，
瞄準火源底部
「壓」
壓下握把

誰都會使用喲！

NG行動

✕ 沒有先確認逃生出口就使用

在房間或是家裡滅火時，一定要背對著出口或大門使用滅火器，因為滅火器一噴出淡粉紅色的藥劑後會使得現場陷入迷濛。在戶外使用時，記得站在上風處使用。

✕ 在火舌竄上天花板之前使用

滅火器雖然具有初期滅火的效果，卻只能在火舌竄上天花板之前使用，當火舌準備竄上天花板，滅火器就無法滅火了。一旦發現來不及滅火，就要趕快離開火災現場，等待消防隊到來。

為了拯救來得及拯救的生命

確認「需要用火的地點附近是否設有滅火器」及「滅火器是否堪用」。

★滅火器的使用重點

①為了避免滅火藥劑噴到自己，要站在火焰的上風處，並且與正在燃燒的物體保持四～七公尺的距離。

②要噴的不是火焰，而是**正在燃燒的物品，也就是火源底部**。

③要**像是用掃把掃地般**，讓皮管一邊噴滅火藥劑、一邊左右移動。

④就算火苗熄滅了，也要繼續噴灑滅火藥劑，直到噴完為止。

⑤記住滅火器會在十～十五秒之內噴完（能滅火的時間很短）。

★不要使用底部生鏽的滅火器

過去曾發生兒童玩老舊的滅火器導致滅火器爆炸的案例，所以設置滅火器之後，要定期進行巡檢。如果發現滅火器變形或是劣化，就要立刻更換。

火災的應變措施
8
「衣服著火」的滅火方法

如果「身上的衣服著火」，記得「立定、撲倒與滾動」

如果**身上的衣服著火**，請趕快試著滅火，否則有可能會重度灼傷。假設附近沒有水源或滅火器，可利用下列方法滅火：

①**「立定」**：原地立定，避免火勢變大。

②**「撲倒」**：往地面撲倒，將正在燃燒的部分往地面壓。盡可能讓身體與地面沒有半點空隙。

③**「滾動」**：往地面撲倒後，將身體左右滾動，讓衣服上的火苗因缺少空氣而熄滅，並用雙手摀住臉部避免臉部被燙傷。

「立定」
不要走來走去，在原地立定

「撲倒」
往地面撲倒

「滾動」 往左右滾動

NG行動

✕ 不把衣擺捲起來就煮飯

穿著衣擺輕飄飄的睡衣用火，導致衣服燒起來的意外很常見。尤其冬季睡衣都是棉料或是尼龍這類材質，整件睡衣有可能在一瞬間就燒起來，所以煮飯時務必換穿耐火的衣服或是圍裙。

✕ 站在著火的人面前

如果站在全身衣服著火的人面前，對方有可能因為太過恐慌而撲向你，導致你的衣服跟著著火。所以請一邊預防二次災害，一邊迅速滅火。

★避免衣服著火的重點

●不要將調味料放在瓦斯爐的後方

在煮飯時，最常發生衣服著火的情況，就是明明瓦斯爐就在眼前**還伸手去拿放在瓦斯爐後面的調味料或是廚具**。為了避免這種往瓦斯爐後方伸手的情況發生，盡可能不要在瓦斯爐附近放東西。

●穿著耐火的衣服

其實日常生活中，潛藏著許多讓衣服著火的危險，例如**佛壇的蠟燭或是煙火的火花**都有可能讓衣服燒起來。年長者與小孩比較容易疏於預防衣服著火，所以**盡可能買耐火的衣服（尤其是睡衣）**。

為了拯救來得及拯救的生命

衣服著火時，如果附近有水源就立刻朝自己淋水，盡速滅火。

CASE31

火災的應變措施

9

「日常生活」中常見的火災的滅火方法

了解「日常生活常見的火災」都如何發生

如果在炸食物時看到油鍋冒火，**千萬不要急著澆水，因為這樣會讓火勢變得更旺，鍋裡的油也會四處飛濺**。請立即蓋上鍋蓋，或依照下列步驟，讓火勢自然熄滅：

① **準備一條擰乾的濕毛巾。**

② **將濕毛巾完整覆蓋於整個鍋緣，讓火勢因為缺少空氣而熄滅。**

③ **確定安全之後，關掉瓦斯爐**。此外，就算火勢熄滅了也不要立刻拿掉毛巾，以避免死灰復燃。

油鍋滅火的方法

準備一條擰乾的濕毛巾

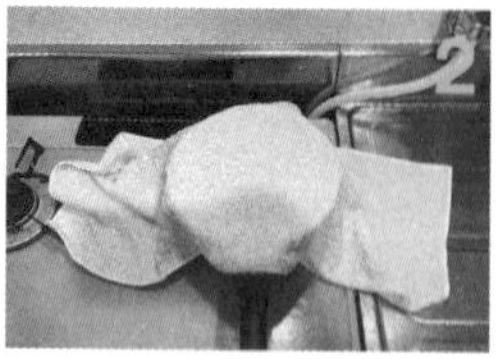

用毛巾完全覆蓋住鍋子

確定火勢熄滅之後，關掉瓦斯管線的閥門，讓瓦斯爐的火熄滅

✕ 在微波爐燒起來的時候打開微波爐

看到微波爐裡面燒起來的時候千萬不要急著打開微波爐門，否則會湧入大量氧氣，讓火勢瞬間擴大。**第一步請先拔掉插頭（切斷電源）**，觀察火勢是否熄滅。如果還是沒熄滅，就利用滅火器滅火（不要打開微波爐）。

✕ 在屋內釋放噴霧罐的氣體

若是在房間釋放噴霧罐的氣體，這些氣體有可能因為香菸的火苗或是靜電而起火燃燒，所以噴霧罐多餘的氣體務必在戶外通風處釋放。

★不該利用微波爐加熱的危險食物

消防救難隊很常因為「利用微波爐過度加熱食物」所造成的火災出勤。

其中最常見的食物就是**「地瓜」**與**「肉包」**，因為這些種類的食物用微波爐加熱五分鐘以上的話，水分會大幅蒸發，導致微波爐裡面都是易燃氣體，**此時就有可能會爆炸**。

要利用微波爐加熱這類食品時，務必遵守「短時間」、「不要離開現場」這類規則，也不要在微波爐附近放置易燃物。

為了拯救來得及拯救的生命

如果來不及滅火，請關上房間的門避免煙霧竄入其他房間，以延緩火勢蔓延的速度。

TAICHO's RESCUE COLUMN 03

消防救難隊於火災現場尋找受困民眾的方法

接下來為大家介紹消防員在火災現場尋找受困民眾的方法，希望大家在遇到火災時都能順利得救。在進行消防演練時，都會被要求「確認有沒有受困的民眾」，但是現場濃煙密布，就必須更有效率地確認有無民眾受困。

這次介紹的是在火災剛發生，現場煙霧瀰漫時消防員的搜尋方法，只要受過訓練就能學會這種方法。

首先，消防員會優先徹底搜尋下列這三個地方：

①「距離玄關或出入口三公尺遠的範圍」。②「距離透光窗戶一~二公尺遠的範圍」。③寢室。

這些都是受困民眾比較容易抵達的位置，所以消防員也會在這些位置進行地毯式搜索。若問在煙霧瀰漫的環境下，消防員都怎麼尋找昏倒的民眾？答案就是消防員平常都接受了「摸著牆壁移動」的訓練，所以可藉此判斷房子的格局。這種訓練的具體內容如下：

壓低姿勢，用自己的慣用手（假設是右手）摸著牆壁，然後上下撫摸牆壁，再以順時鐘方向移動，摸到門把就能找到門或是出入口。只要重覆這個流程，就能了解房子的格局，確認有沒有人受困。

建議大家在家裡或職場挑戰這項訓練，以便讓自己在陷入充滿煙霧的環境以及找不到出口時能夠順利逃生。

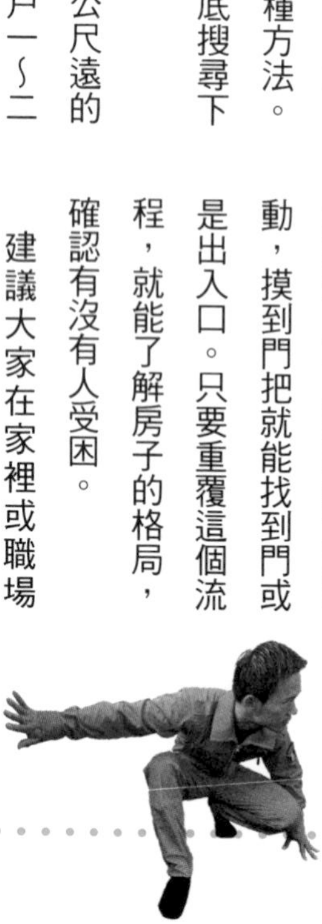

煙霧瀰漫之際的NG行動

✕ 站著避難

站著避難會使得煙霧與空氣混合（參考P.62說明），整個視野也會變得一片混沌，受困民眾也就更難逃生。

此外，若是吸進煙霧，除了會頭暈、劇烈頭痛，喉嚨也有可能會灼傷。

確認有無受困者的NG行動

✕ 搜尋範圍太過廣泛

搜尋範圍若是太過廣泛，反而有可能害自己身陷火場。為了避免跟著受困，不要勉強自己。

✕ 找不到出入口

不要距離出入口太遠，同時也要確保後路，讓自己隨時都能立刻逃生。

為了拯救來得及拯救的生命

- 平常就好好整理雜物。
- 試著閉上眼睛，在家裡進行摸著牆壁逃生的訓練。

車禍的應變方式

1

「人與車碰撞的意外」

假設目擊交通事故，要先確保「自身安全」再進行緊急處置

當目擊行人與汽機車碰撞的意外時，大部分的人應該會怕得不敢接近，但**交通意外通常是刻不容緩的局面，必須立刻進行緊急處置**。

不過，**在處理交通意外時，一般都必須壓低姿勢，所以試圖幫助傷患的人有可能被來車撞到而造成二次傷害**。因此當傷患還待在危險場所時，要立刻將傷患移到安全場所，確保協助者與被協助者都安全之後再進行緊急處置。

✕ 不顧自己的安全就衝到馬路上

不能只想著要救人就衝到馬路上，因為這樣有可能會造成二次傷害與妨礙救援。一定要先確認周遭安全**（尤其是背後）**再進行緊急處置。

✕ 不進行緊急處置

如果要幫助交通意外的傷患，「在場的每個人」能不能在救護車抵達之前幫忙進行緊急處置是關鍵。千萬不要一副事不關己的樣子，讓我們齊心合力拯救傷患吧！要注意的是，不要直接接觸血液。總之，以自己的安全為第一優先。

★在救護車抵達現場之前的緊急處置

① 利用方向燈、信號燈或是三角警示牌提醒來車——「這裡發生交通意外」。

② 在倒地不起的傷患身邊詢問對方「還好嗎？」再立刻將對方移到安全的場所。

※移動時，不要搖晃對方的脖子。

③ 若對方沒有反應，立刻打電話叫救護車。

※打電話叫救護車的時候，要告知「目前所在位置」、「受傷人數」以及「有沒有人受困車中」。

④ 請周遭的人去拿AED，如果有傷患沒辦法正常呼吸的情況，幫忙進行心臟按摩（壓迫胸骨）。

⑤ 使用AED的同時，等待救護車抵達。

為了拯救來得及拯救的生命

如果覺得傷患有可能傷到脖子，就先固定他的脖子，盡可能不要移動他（在安全的場所進行緊急處置）。

車禍的應變方式
2
拯救被壓在車子底下的人的方法

若有人被壓在車子底下時，可使用「千斤頂」進行緊急處置

如果看到有人因為交通意外被壓在車子底下，可依照下列步驟進行緊急處置：

①確保安全，避免造成二次傷害。

如果是在馬路上，可以請周遭的車子幫忙圍出安全空間。

②確認汽油有沒有外漏。可用肉眼觀察或是透過氣味確認。

③讓車輪停下來。固定汽車後，減少被壓在車下的人的負荷。

④利用換輪胎常用的千斤頂抬高汽車。

（雖然不是原本的用途，但可以用來應急。）

這是用來換輪胎的千斤頂

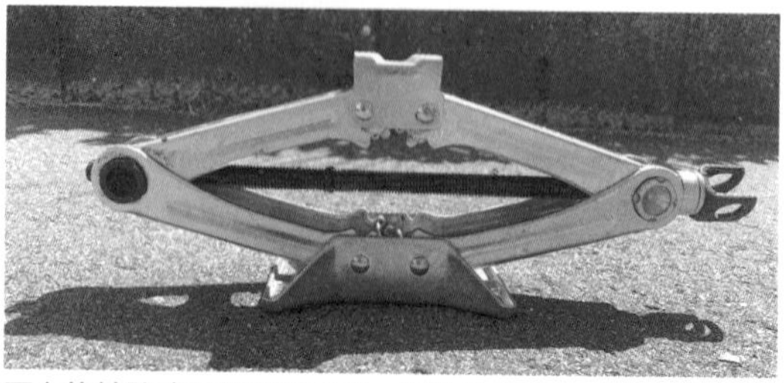

可在換輪胎或是檢修汽車時，將汽車抬高

為了拯救來得及拯救的生命

平時就要在車裡放一個用來「換輪胎的千斤頂」。

NG行動

✕ 已經漏油了還靠過去

如果在漏油的時候進行緊急處置，反而有可能會引爆汽油，此時不要硬是將車體抬起來，而是要等待消防隊抵達現場。在抬起車體時，一定要拉起汽車的手煞車，讓引擎完全停下來。

✕ 汽車有可能側翻時還靠過去

如果在汽車有可能側翻的時候抬起車體，反而會造成被壓在車下的人的負擔。此外，要抬起車體最好是在柏油路這類平坦又紮實的路面進行。

★千斤頂的使用方法

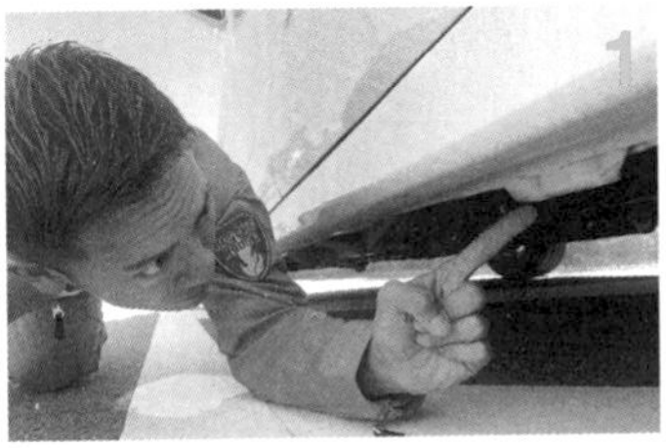

確認汽車的千斤頂位置

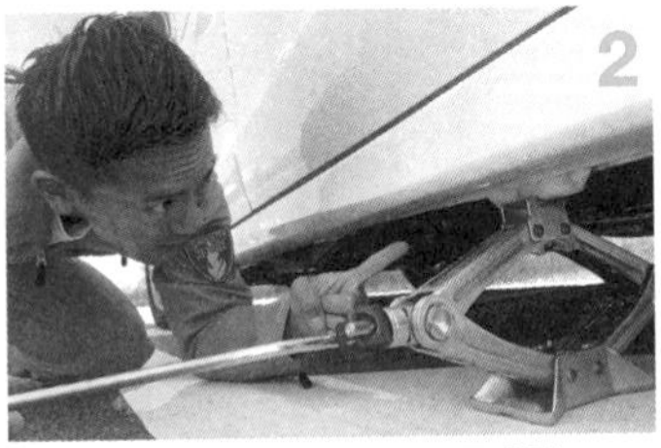

讓千斤頂垂直咬住汽車的頂升點

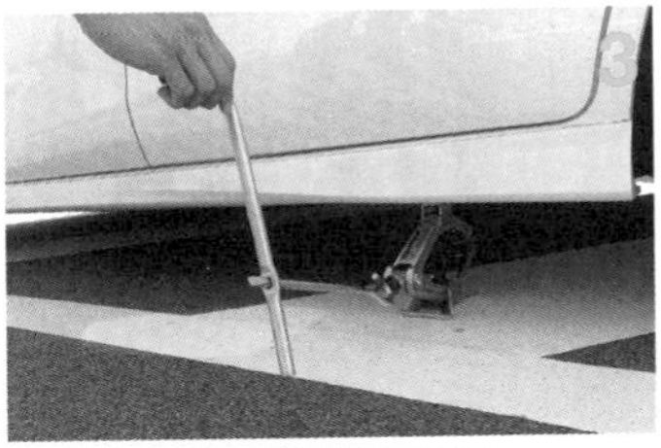

轉動千斤頂，慢慢抬高汽車

抬高車體之後，採取安全對策（例如以油壓千斤頂頂住）

※這是發生大型災害，聯絡不到消防隊時的緊急措施。

車禍的應變方式
3
被「關在車裡」的情況

「被關在車裡」時，可使用「頭枕」破壞車窗

如果**在大熱天時被關在車裡**，有可能會中暑、脫水，甚至有可能熱死。此外，汽車因為下大雨而泡在水裡時，車門有可能打不開。

被關在車子裡面的時候，可以進行下面這些步驟：

①按喇叭，向附近的人求救。

如果附近沒有人，

②拔出車內的座椅頭枕，再利用頭枕破壞車窗。

按喇叭求救

利用座椅頭枕破壞車窗　※有些車種沒辦法打破車窗

為了拯救來得及拯救的生命

在車內放一個力氣不夠的人也能輕鬆破壞車窗的「車窗擊破器」。

NG行動

✕ 一直大聲求救

如果一直大聲求救，體力就會慢慢流失。被關在車裡的時候要保持冷靜，以及透過喇叭聲求救。

✕ 請開鎖的業者幫忙

如果孩子在大熱天被關在車裡，不要請開鎖業者幫忙，因為會浪費不少時間。被關在車裡的孩子有可能會中暑，請立刻打119請求協助。

★利用座椅頭枕破壞車窗的方法

先拔出座椅的頭枕

利用頭枕的金屬棒，朝車窗的右下角或左下角用力敲與車體銜接的位置（要敲到卡在車體裡面的部分）

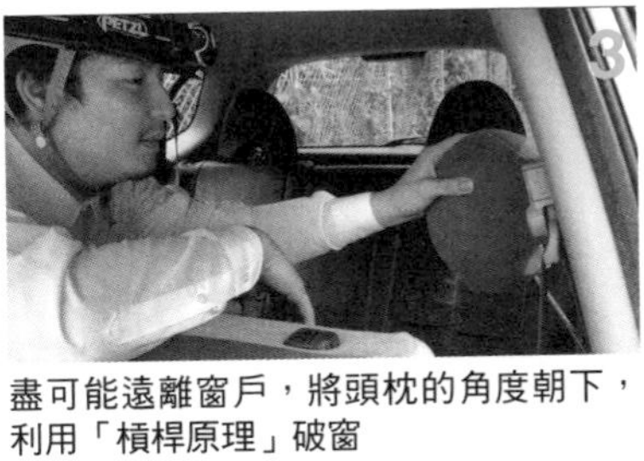

盡可能遠離窗戶，將頭枕的角度朝下，利用「槓桿原理」破窗

利用金屬棒掃掉還卡在車窗上面的玻璃

車禍的應變方式
4
「有幼兒搭乘」
的情況

要載未滿四歲（且體重在18公斤以下）的幼兒時，一定要使用「兒童安全座椅」

除了受傷、生病或是生理上的各種理由，未滿4歲的兒童都必須使用兒童安全座椅

4歲至12歲（或體重在18公斤至36公斤以下）之兒童則須乘坐於車輛後座。

就數據顯示，未滿六歲因車禍受重傷或死亡的孩童中，有**四成**是因為沒使用兒童安全座椅，**只繫了尺寸不對的安全帶，或是直接由大人抱在手上**。

我曾在現場多次親眼目睹因為「這麼短的路還好吧？」、「小孩不喜歡坐」等等理由而不使用兒童安全座椅，導致來不及救活原本可以救活的生命。所以請大家務必使用兒童安全座椅。

千萬不要覺得「才這麼點路，不用麻煩」！

NG行動

✕ 在車子行進時，將小孩抱在腿上

千萬不要以為大人抱在腿上就很安全，因為車禍的衝擊力道之大，絕對沒辦法緊緊抱住孩子，孩子也有可能因此被拋出車外。

✕ 讓孩子坐在副駕駛座

不能因為小孩子（小於四歲）在兒童安全座椅睡著，就把小孩抱到副駕駛座。能正常使用安全帶的身高約為140公分，所以小孩的身高若是不足140公分，安全帶不僅無法保護小孩，還有可能造成意料之外的危險。

★可以使用安全帶的準則

即使是超過四歲的小孩，只要體型太過嬌小，還是得坐在兒童安全座椅。**判斷的標準不是「年齡」而是「體型」**。

①肩帶型安全帶通常設計成從脖子根部與鎖骨中央部分經過的構造，以便直接壓在脖子上。

②安全帶可穩穩固定在左右髖骨較低的位置。

安全帶壓著脖子很危險

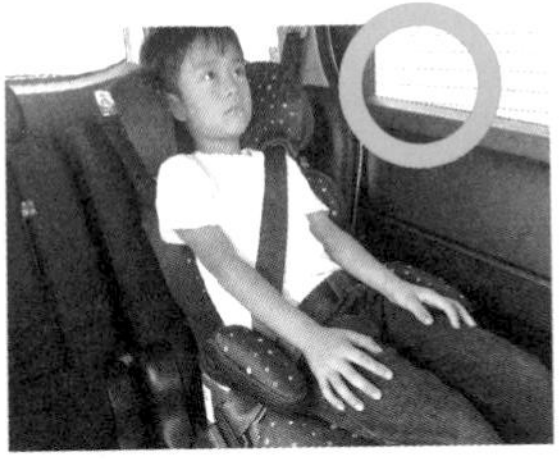

使用幼童用座椅或學童用座椅（增高型座墊）

中暑的應變措施

4

「中暑」的建議對策

為了預防中暑，可透過「這四招」管理健康

隨著天氣變熱，「中暑」的人也越來越多，嚴重時有可能因此死亡。我們可透過下列四招預防中暑：

①時常補充水分。

②避免在大熱天外出（不得不外出時，可戴上帽子、避開陽光）。

③維持通風（房間或是衣服）。

④進行身體管理（注意睡眠不足或是營養失衡的狀況）。

切記，不論是待在室內還是晚上睡覺的時候，都有可能會中暑。

中暑的症狀

【兒童與大人】

- □頭暈、頭痛
- □想吐或是真的吐出來
- □食慾比平時差
- □心情煩躁
- □發呆恍神
- □大便都一直是顆粒狀
- □沒辦法走直線
- □麻木
- □舌頭乾燥

【嬰幼兒】

- □比平時更沒食慾
- □一直哭，卻沒流眼淚
- □發燒
- □沒流汗
- □尿量變少
- □大便都一直是顆粒狀
- □口腔乾燥
- □舌頭發白

★中暑的症狀與應變方式

●必須立刻打119的症狀

①失去意識（無法正常應答也是危險訊號之一）。
②一直抽搐。
③沒辦法正常走路。
④出現嘔吐與頭痛這類症狀。

●覺得不太舒服的話

①移動到涼爽的地方。
②脫掉衣服，維持輕鬆的姿勢。
③利用濕毛巾降低脖子或腋下的溫度。
④利用經口補水液補充水分。

為了拯救來得及拯救的生命

將雙手泡在蓄滿水的洗臉盆裡十分鐘，以降低「掌心」的溫度。

意外溺水的應變方式
1
發現
「有人溺水」的話！

發現「有人溺水」時，不要游過去救他，而是要丟東西給他

為了救溺水者而下水是非常危險的舉動，因為溺水的人通常很慌張、也會拼命地想多吸一口空氣，所以**只要有人前來救援，就會為了呼吸而將對方壓到水裡**。

因此千萬不要游過去救對方，而是要將附近的物品（游泳圈、繩子、寶特瓶）丟到溺水者的附近。

通報119時，要準確地說明溺水地點，讓救難隊可以即時趕到。

✕ 嘗試獨自救人

如果發現有人溺水，請立刻通知周遭的人。除了一群人一起救援之外，如果附近有救生員，則向他們呼救。也可以請其他人幫忙撥打119或110。

✕ 救援的人太過慌張

雖然救人是刻不容緩的事情，但不顧一切跳進水裡是非常危險的舉動。首先應恢復冷靜，看看附近有沒有能代替游泳圈的物品。例如，可以試著將保冷箱丟到溺水者的身邊，但是要小心不要砸中溺水者。

★體驗「溺水」訓練

消防救難隊員在接受「溺水」訓練之後，**明白了溺水的人當下除了呼吸之外，什麼也沒辦法思考**，甚至沒有餘力大喊「救命」。

換言之，溺水時光是在水中不斷拍水，**「恐怕也不會有人注意到你溺水」**。如果是小孩的話，有可能連在水中拍水都做不到，等到被人發現時早已沉入水中。

一般認為，溺水者大概會在二十～六十秒之間沉入水中。在河川或是大海玩水時，千萬不要讓孩子離開視線。

意外溺水的應變方式
2
覺得「快要溺水」時的自救之道

覺得「快要溺水」時，「浮在水面上」等待救援

不小心落海、落水或是被海浪沖走時，要保持鎮定、放鬆身體，浮在水面上等待救援。下面這些方法可以讓我們穿著衣服浮在水面上：

①盡可能吸飽氣，然後仰躺在水面上（吐氣吐慢一點）。

②四肢撐成大字型（手可以沉在水中）。

③下巴往上抬，身體放輕鬆。

如果覺得自己快溺水的話，其實很難保持冷靜，但還是盡可能先想著「浮起來」這件事。

NG行動

✕ 手腳瘋狂拍水

因為太過緊張而大聲求救或手腳用力拍水是溺水的最大主因。溺水時要放鬆身體保留體力以及避免嗆到水。

✕ 不要往岸邊游

如果被大浪沖到外海，千萬不要勉強自己往岸邊游，因為潮流非常強勁，再怎麼擅長游泳也只會白白消耗體力。此時先想辦法讓自己浮起來，再尋找救援。

為了拯救來得及拯救的生命

揮動單手，做出「求救訊號」，讓救生員早點發現你。

※關鍵是在覺得快要溺水前就先做出求救訊號。

★逃脫「離岸流」與「回流」的方法

如果被大浪沖到外海時，可透過下列的方法應變：

①保持鎮定，思考如何「浮起來」。

②不要往岸邊游，而是要朝著與岸邊保持平行的方向游。

③覺得流向外海的浪潮消失之後，再往岸邊游。

※奧運游泳選手也無法抵擋的波浪

離岸流會在刮風或是起浪的時候變得更強，所以去海水浴場或是沖浪之前，務必先確認天氣。

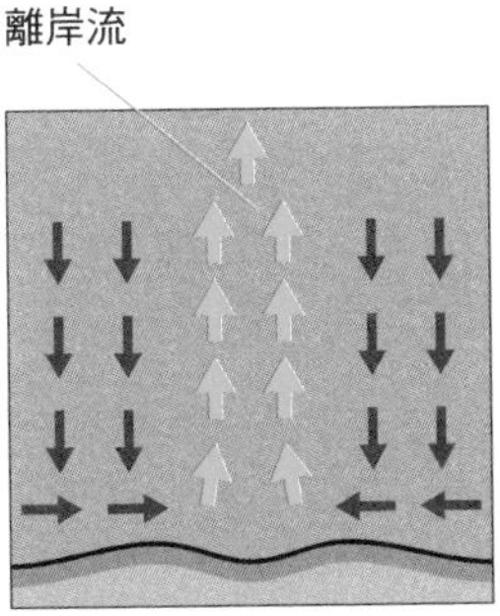

輕鬆搬運的方法

▼

搬運
「昏倒的人」

看到有人昏倒時，可以利用「三種搬運方式」輕鬆地搬運對方

視情況選擇適當的方法喲！

① 肩背法

【優點】適合長距離搬運小孩與女性

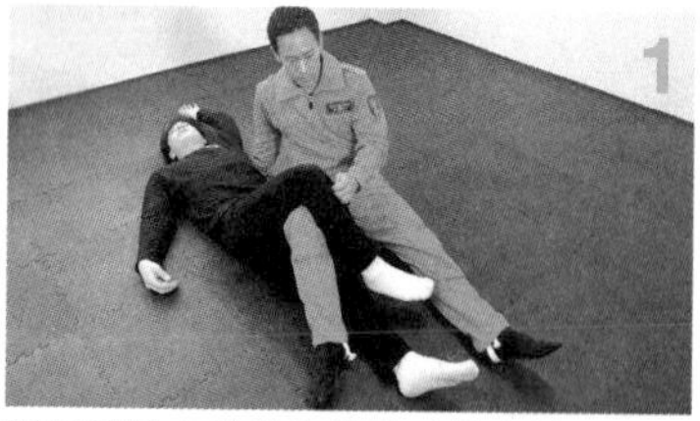
1
將昏倒的人位於內側的手往上抬，再讓昏倒的人仰躺，然後勾住對方的腳

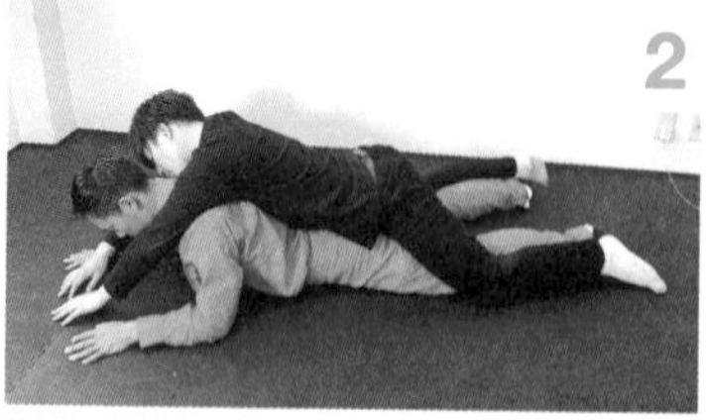
2
用左手抓住昏倒的人的右手，再將身體翻過來，讓對方的雙手掛在自己肩上

3
將對方揹在背上，然後站起來

4
保持前傾的姿勢

5
將自己的雙手從對方的大腿外側伸進內側，再抓住對方下垂的雙手

可以試試看喲！

② 前臂拖曳法

【優點】適合在火災現場這類需要迅速搬運的場合使用

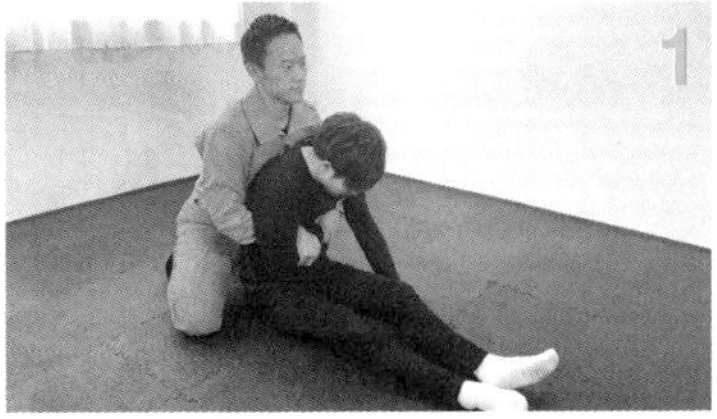
1

將雙手從對方的腋下伸到手肘的位置，一邊讓自己的身體與對方的身體貼緊，一邊讓對方坐起來

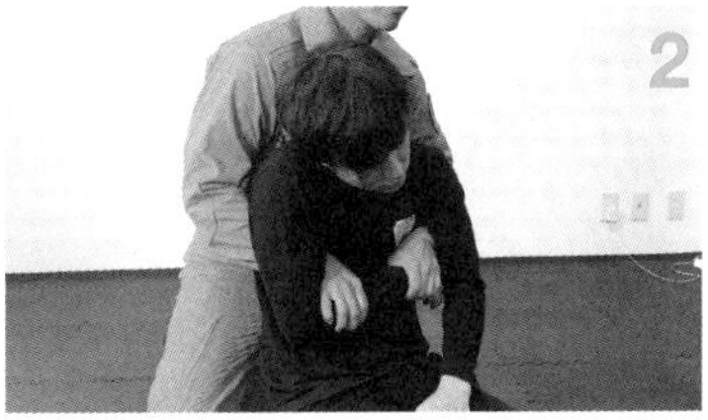
2

抓住昏倒的人的單邊手肘以及手腕

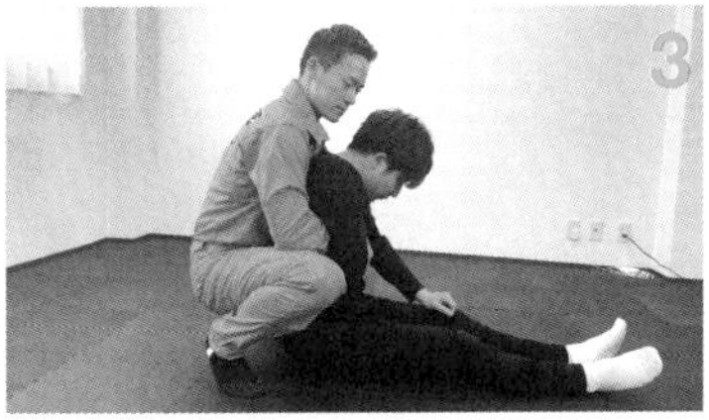
3

張開雙腳，然後站起來

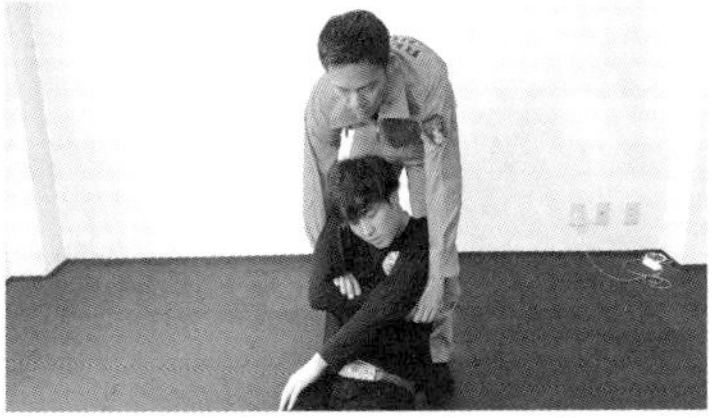

只抬高腰部、打直手臂的話，會沒辦法好好出力

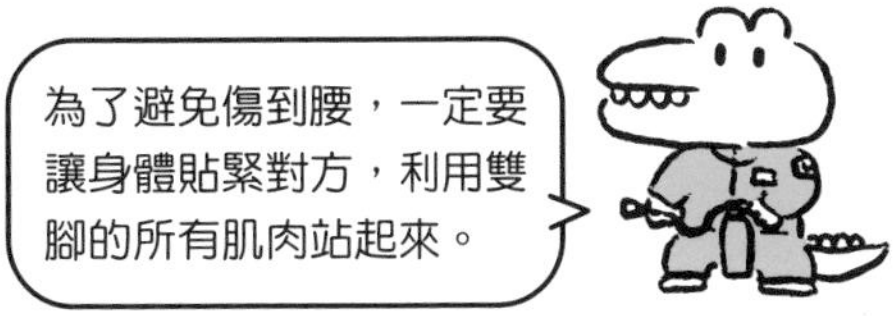
為了避免傷到腰，一定要讓身體貼緊對方，利用雙腳的所有肌肉站起來。

③ 消防員式搬運法

【優點】能空出一隻手，所以很適合在掉落物很多的災難現場使用

1

讓傷患的骨盆壓在自己的肩膀上，然後站起來

2

接著抓住傷患的大腿與手腕

另一隻手可以自由活動

一開始可能不太熟練，所以平常就要多練習！

被關在家裡的對策

▼

解鎖「防盜門扣鎖」的方法

想從外面解開「防盜門扣鎖」時，可使用繩子

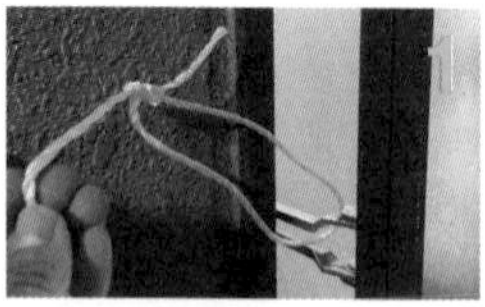

將繩子穿過防盜門扣鎖後打結

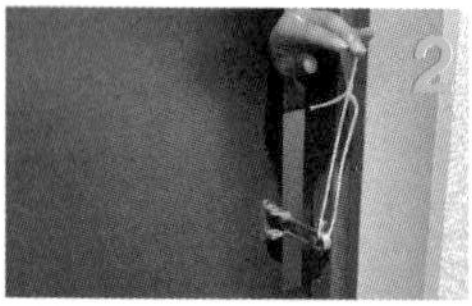

將繩子往防盜門扣鎖的前端移動

把繩子掛在門上面

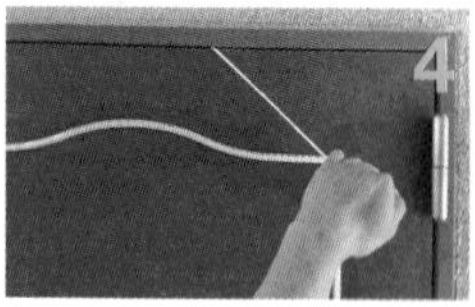

一邊關門，一邊拉繩子

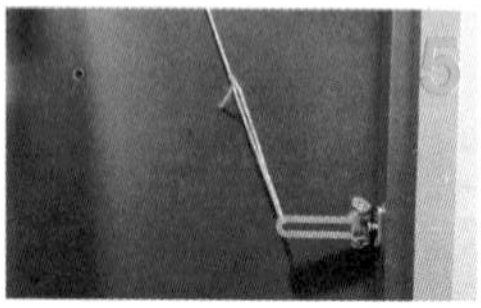

只需要幾十秒就能打開防盜門扣鎖

如果看到有人在玄關昏倒，怎麼叫都沒反應的「緊急情況」，就試著解開防盜門扣鎖吧！

其實防盜門扣鎖並非為了防盜而設計，所以從門外也能輕易解鎖。

①將繩子先穿過防盜門扣鎖再**打結**（長一點的繩子比較好）。

②**繩子往防盜門扣鎖的前端移動**。

③把繩子**掛在門的上方**。

④**一邊關門，一邊拉繩子**。

NG行動

✕ 隨便打開防盜門扣鎖

就算發現有人昏倒，也不能隨便打開防盜門扣鎖。更何況有些人會利用有毒氣體自殺。如果覺得事情不單純，千萬不要逕自打開門，而是要打119求救。

如果小孩子不小心把自己關在家裡，或是從外觀可以看得出來有人因為某些疾病而昏倒，又或是聽到有人求救、身體不方便、動彈不得時，就試著打開防盜門扣鎖吧。

✕ 不要為了嚇人而打開防盜門扣鎖

這是為了拯救倒地不起的人而不得不採取的行動，所以千萬不要為了嚇人或是威脅別人而使用這種方式打開防盜門扣鎖。

非緊急狀況請勿使用這個方法。

★「防盜門扣鎖」是為了對付推銷員

其實防盜門扣鎖最初目的是為了將推銷員或是陌生人擋在室外而製造，所以才會設計成可以隔著門縫對話的構造。

換句話說，防盜門扣鎖的主要目的不是防盜，所以能輕易打開。鎖門時，除了扣上防盜門扣鎖，也要鎖上每一道鎖。

★經常有人被「防盜門扣鎖」鎖住

在消防救難的現場很常遇到這類情況。

如果能在緊急狀況下解鎖，就能成功拯救生命。

在浴室發生的意外
▼
在「浴室發生的意外」有九成會害人喪命或是重傷

「洗澡」時，要注意「熱休克」與「跌倒」

在洗澡時發生的意外往往不容易被發現，**等到發現時，通常都已經很危險**。所以除了年長者之外，小朋友與年輕人也要特別注意。最可怕的是**血管或心臟因為溫度變化太快而受不了**的「熱休克」，這與從溫暖的房間走到冷颼颼的走廊時全身會不斷發抖是相同的現象。

再者，浴室的地板通常很滑，因此要特別小心不要「跌倒」。如果在浴缸裡面跌倒，有可能會因此撞到頭、嗆到水，然後溺死。

✕ 在用餐與喝酒之後立刻洗澡

吃完飯或是喝完酒的時候血壓通常比較低，也很容易發生熱休克。所以在用餐完畢的一個小時之內，或是剛剛才喝過酒的話先不要洗澡。

✕ 從浴缸出來的時候，體溫突然下降

溫度急速變化是非常危險的事。建議大家在浴室開暖氣，或是讓浴缸裡面的熱水維持在四十一度以下，避免溫度變化幅度太大。

此外，第一個洗澡的人浴室通常會很冷、浴缸的熱水也特別熱。所以家裡若是有老爺爺或老奶奶，最好不要讓他們第一個洗澡。

★「難以發現」是如此危險的理由

因為浴室不是公開的地點，通常很難發現意外，導致來不及拯救原本能拯救的生命。就算家人泡澡泡了十分鐘以上，大部分的人也不會太在意，所以不妨透過下列這些方法避開危險吧！

①**洗澡時，通知全家人**。

②**泡澡不要超過十分鐘**。

③**利用止滑墊預防跌倒**。

★發現有人在浴缸溺水時的三個步驟

①拔掉浴缸水塞。②此時身體很滑，先利用毛巾包住身體，再立刻抱出浴缸。③利用乾毛巾維持體溫，再進行緊急處置。

為了拯救來得及拯救的生命

家裡若有小孩、老爺爺或老奶奶，就要事先做好「預防在浴室跌倒的對策」。

「熱痙攣」的應變方法

小孩因為「發高燒」而痙攣、失去意識時，絕對要時時「觀察與記錄」

小孩子的大腦很害怕發燒，一旦發燒超過三十八度以上，就有可能會痙攣。其實在**出生六個月~五歲的小孩之中，每十人就有一人有過「熱痙攣」的症狀**。熱痙攣不會有後遺症，長大之後不會再發作。

如果發現孩子有熱痙攣的症狀，先撥打119，**接著注意他們是不是想吐，也要**觀察**症狀持續了多久，以及有哪些症狀**。為了服用停止痙攣的藥物，也要知道孩子的體重。

熱痙攣的症狀

- 突然失去意識
- 突然翻白眼
- 身體後仰，全身變得僵硬
- 手腳不停顫抖
- 全身無力、發呆、失去意識

熱痙攣的處理

- 鬆開衣服，讓身體降溫
- 讓頭部稍微往後仰，使呼吸變得順暢
- 嘔吐時，要讓孩子呈現復甦姿勢

NG行動

✕ 將毛巾塞進嘴巴

若為了避免孩子因為緊張而咬到舌頭，將毛巾或手指塞進他們的嘴裡，反而有可能害他們因為嘔吐而窒息。此時也不要讓他們喝水，以免不小心嗆到。總之別讓異物跑到喉嚨裡面。

✕ 仰躺

如果孩子想吐或是已經吐了，將他們的臉往旁邊轉，避免嘔吐物堵住喉嚨。可讓他們側躺然後抬高下巴，保持呼吸順暢。

★需要立刻處理的症狀

如果出現下列症狀就需要立刻撥打119，因為這些症狀非常危險。

- ●痙攣超過五分鐘以上（就算沒超過五分鐘，也要撥打119）。
- ●短時間之內，不斷反覆痙攣。
- ●出生未滿六個月的嬰兒。
- ●沒發燒卻不斷抽搐。

★熱痙攣最可怕的部分

就是因為嘔吐物窒息。因為痙攣而吐出口水、痰或是胃中的食物時，如果臉部朝上，喉嚨就會被這些東西塞住。此時千萬要時時注意小孩的情況。

為了拯救來得及拯救的生命

就算停止痙攣，也要在第一次發生痙攣時，將孩子帶去小兒科接受診療。

預防墜落意外的方法

徹底預防「從高處墜落」的意外

為了預防小孩「從高處墜落」，大人必須「未雨綢繆」

小孩從高樓墜落的新聞時有所聞，但是從**兩層樓高的透天厝墜樓的意外**也常常發生。我們必須知道從透天厝的陽台墜樓也是非常危險的意外，要盡可能**防患於未然**。就消防救難隊的觀點而言，這些墜樓意外的共通之處如下：

①小孩獨自待在危險的場所。②沒有關窗。

建議大家不要在陽台堆置有可能造成墜樓意外的物品，也要時時注意小孩的一舉一動。

✕ 在窗戶附近堆置物品

在窗戶附近放置書架、沙發、床、玩具箱等等物品非常危險。在室外氣候宜人時以及常會開窗的季節更是要特別注意這類意外。

✕ 在陽台堆置物品

絕對不要在陽台的扶手附近堆置可以踏在上面的物品（例如椅子或桌子）。如果陽台裝了冷氣室外機，記得在外面多加一層柵欄，也要確認紗窗或把手是否有無破洞或劣化。

★日常生活常見的危險物品或場所

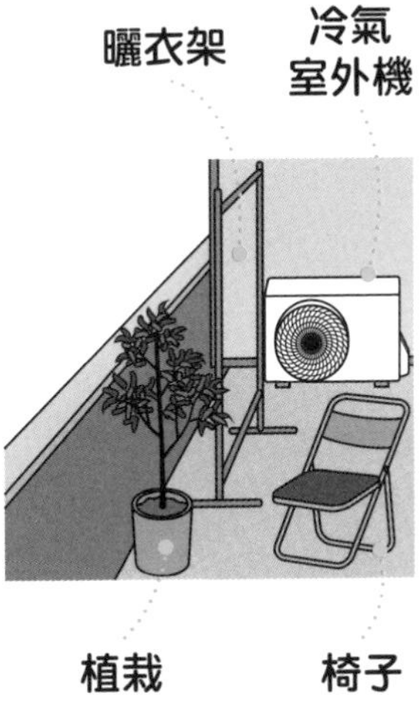

★預防意外的「安全鎖」

請將安全鎖設置在孩子碰不到的位置。大人不可能隨時盯著孩子，所以一定要在不容易注意的窗戶設置安全鎖。

可在陽台設置防護欄杆或是隱形鐵窗。

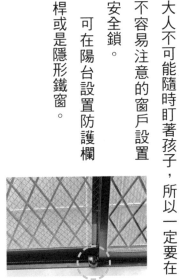

如果喉嚨被異物堵住，可使用「背部拍打法」或是「哈姆立克法」解決

不小心吞了不是食物的異物（誤食），或是食物跑進提供空氣流通的氣管（誤嚥）都非常危險，**是連消防救難隊都無法等閒視之的急救任務**。

一旦窒息，就得**立刻取出異物或是透過催吐的方式吐出異物。第一步先打119，接著在等待救護車抵達的時候，以**「幫助對方咳嗽」、「背部拍打法」、「哈姆立克法」**的順序幫助對方取出異物**。如果發生對方失去意識，可利用AED或是心臟按摩進行緊急處置。

背部拍打法

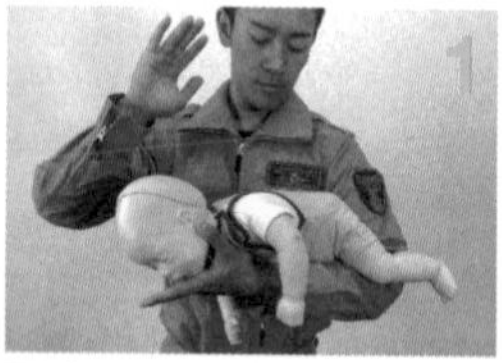
固定下顎，讓頭部略低於身體

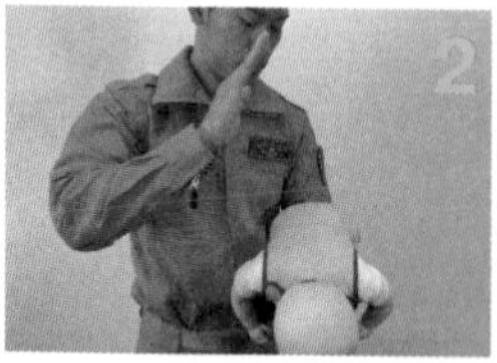
利用手掌根部拍打肩胛骨之間的位置4、5次

哈姆立克法

站在對方背後，再將拳頭抵在肚臍偏上的位置

利用拳頭往內擠壓的力道，壓迫對方的腹部

※choke sign：因為窒息而下意識地抓住自己喉嚨的模樣

為了拯救來得及拯救的生命

家裡若有小孩，盡可能不要放置堅果類的食物。

常見的誤食意外

小孩常誤食的物品包含鈕扣電池、香菸與藥物。有些物品會害小孩中毒，嚴重的話會有生命危險，所以請立刻帶到醫院救治。尤其是不小心誤食藥物時，一定要將藥物帶到醫院，讓醫生知道藥物的種類。

常見的誤嚥意外

花生、麻糬、花枝、御飯糰這類食物若是不小心掉進氣管，有時候導致窒息。請仔細觀察對方是否出現「臉色發紫色」、「聲音沙啞」、「咳嗽」、「嗆到」……這類異常現象。

★背部拍打法的步驟（也可以對嬰兒實施）

①將嬰兒身體朝下，手臂繞過身體下方。

②用手固定嬰兒的下巴，讓頭稍微低於身體下方。

③用手掌根部拍打嬰兒的肩胛骨之間的位置四至五次。

★哈姆立克法的步驟

①站在對方背後，單手握拳，抵住肚臍偏上的位置。

②另一隻手握住手腕，用力將拳頭往自己身體這側擠壓，藉此壓迫對方的腹部。

※哈姆立克法不能對孕婦或嬰兒使用。

※「背部拍打法」與「哈姆立克法」可輪流進行。

便秘的危險

▼

「便秘」
是可怕的疾病

了解「忍住便意」是「很危險」的事

很多人都以為「便秘沒什麼」，但其實便秘是很可怕的疾病。**消防救難隊也很常接到這類救援任務**。我們曾遇過因為四天無法正常排便、肚子痛到站都站不起來的病患；也有因為忍住便意太久，導致內臟變大，胸口因此受到壓迫結果心臟麻痺的人。

建議大家多補充水分、每天確認糞便的顏色與形狀，維持自身健康，**也在家裡準備「臨時廁所」以便在遇到災難時能正常地上廁所**。

在遇到災害之際
解決生理需求的「臨時廁所」

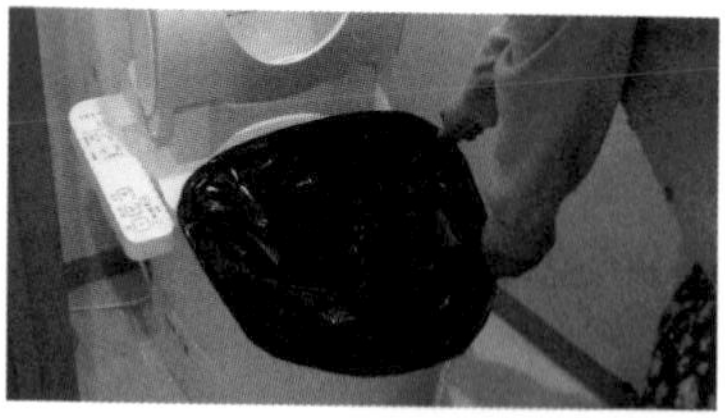

將垃圾袋（建議選購黑色的）裝在馬桶與馬桶座之間

上完廁所之後，撒入固化劑

圖片來源：「臨時廁所緊急戰隊 Toilet Man」（株式會社 MT-NET）

為了拯救來得及拯救的生命

建議大家因應預防大型災害，準備一週份量的「臨時廁所」。

消防救難隊眼中的危險族群（疾病）

◎一週排便不到兩次　◎不想上廁所
◎肚子很脹或是很痛　◎沒有食慾　◎想吐
◎常常放很多屁　◎屁很臭

需要立刻打119的四種危險症狀

◎血便　◎沒辦法自己站起來　◎臉色慘白發青　◎頭暈

便秘要掛「哪一科」？

請掛「大腸直腸外科」或「腸胃科」的門診。

★危險的「大便顏色」

大便的顏色通常與內臟的疾病對應，正常的大便顏色為棕褐色。

● 「黑色」：有胃癌、胃潰瘍的疑慮。
● 「紅色」：有大腸癌、大腸瘜肉的疑慮。
● 「白色」：有膽管癌、肝衰竭、感染性腸胃炎（諾羅病毒）的疑慮。

★了解「便秘很危險」

小孩、老奶奶、老爺爺若有便秘問題，千萬不要置之不理。如果他們覺得不舒服，就帶他們去看醫生吧！也要盡量要求他們注意自己的健康，平常讓他們多吃蔬菜、多喝水以及適度地運動。

受傷流血時，可利用「RICE處置」與「OK繃」進行急救措施

像是日本三一一大地震這類大規模地震發生時，會出現許多重傷的病患，醫院一時之間沒辦法替這麼多人急救，因此**輕傷的病患通常會被安排到比較後面的順序進行治療**。不過，如果這時候不先做一些處理就有可能惡化或引起不必要的感染，所以此時就得自己先進行急救。

「RICE處置」是最基本的急救，不小心扭傷或跌倒時，要**「保持冷靜」**、**「冰敷」**、**「壓迫」**、**「讓受傷的部位高於心臟」**，藉此緩解疼痛與腫脹。

RICE處置措施

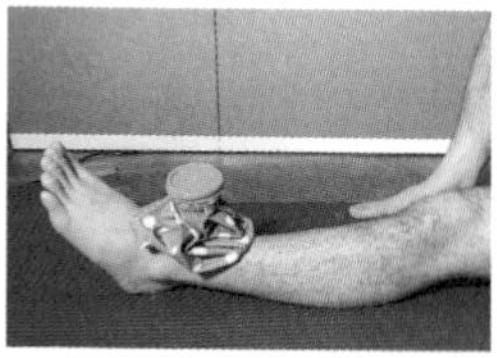

I（icing／冰敷）
避免發炎

R（rest／休息）
不要做激烈的運動，以免傷口惡化

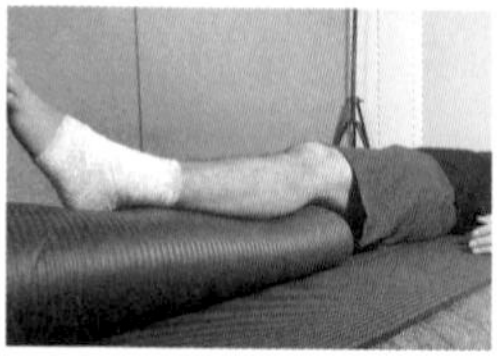

E（elevation／抬高）
讓受傷的部位高於心臟

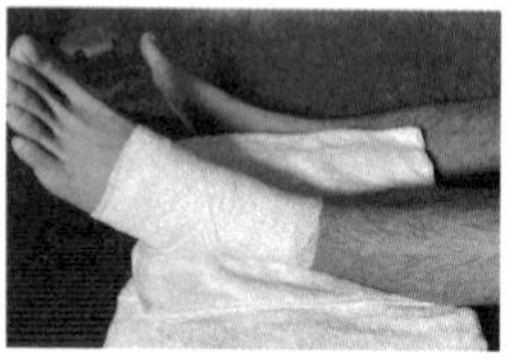

C（compression／壓迫）
固定或是按住受傷的部位

為了拯救來得及拯救的生命

準備緊急醫藥箱（紗布、OK繃、消毒藥水、外科專用膠帶、繃帶）。

手腳流血時的急救方式（直接加壓止血法）

① 在雙手套上塑膠袋，要注意避免直接接觸流血的傷口，以免被感染。

② 利用乾淨的毛巾或紗布壓住傷口。

③ 讓受傷的部位略高於心臟。

眼睛流血的急救方式

① 讓傷患閉上眼睛，再用紗布或毛巾蓋住眼睛後用膠帶固定。（可利用清水稍微沖掉泥砂，但千萬不要使用眼藥水）

② 不要移動眼球。　③ 不要揉眼睛，也不要摸眼裡的異物。

④ 立刻前往眼科尋求診治。

★「不易脫落」的OK繃貼法

只要用剪刀處理一下，就能讓OK繃緊緊黏著。

① 貼在手指的情況（小塊OK繃）

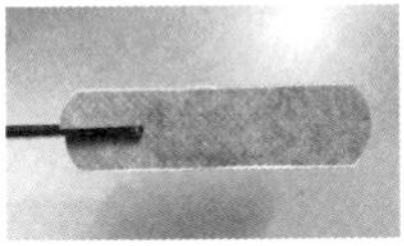
在正中央剪一刀

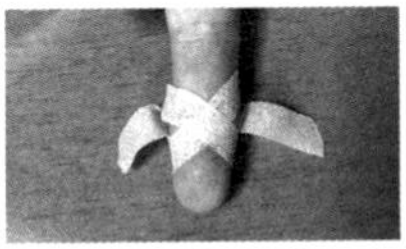
以交叉的方式貼在傷口上

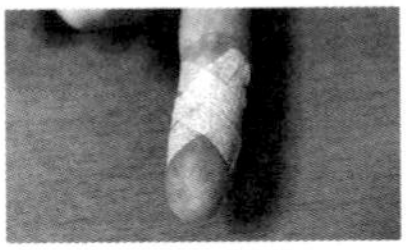
另一邊也以交叉的方式貼在傷口即可

② 貼在手腕的情況（大塊OK繃）

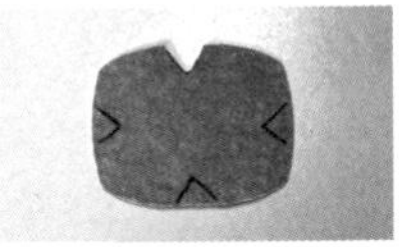
在圖中四個位置剪出V型刀口

剪成這個樣子

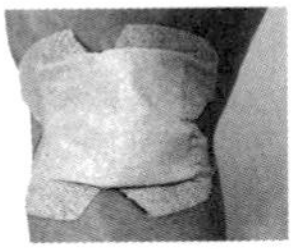
將OK繃一邊由上往下拉，一邊貼在傷口上

CASE47

過度呼吸的急救方式

▼

過度呼吸時要特別注意「二次傷害」

遇到「過度換氣症候群（過度呼吸）」時，要先保持冷靜

當我們陷入不安與緊張的情緒時，呼吸會變得又快又淺，產生一種再怎麼呼吸也吸不到空氣的感覺，或是出現胸口鬱悶、手腳麻痺的症狀，有時還會頭暈或頭痛，這些症狀就是「過度換氣症候群（過度呼吸）」。如果在開車的時候發作，有可能會因為太過恐慌而釀成車禍，所以這是非常危險的症狀。不過，這種症狀大概會在**三十分鐘至一小時之內消失，所以重點在於**保持冷靜。若是發現附近的人有過度呼吸的症狀，不妨詢問對方是否需要協助。

為了拯救來得及拯救的生命

若是看到過度呼吸的人，與附近的人一起安慰他吧！

✕ 用紙袋呼吸

為了提升血液中的二氧化碳比例而利用報紙套住口鼻，將吐出的空氣重新吸回肺部的方法稱為「紙袋法」。

這種方法其實不太能提升二氧化碳的濃度，反而有可能造成氧氣不足或是窒息，所以醫院或是消防救難隊都不會這麼做。

★哪些人容易出現這種症狀?

個性嚴謹或是較為敏感的人容易出現過度呼吸的症狀，其中又以十幾至二十幾歲的年輕女性居多。由於這類症狀是因不安、極度緊張、激烈運動或是睡眠不足所引起，因此男性或年長者也會出現這類症狀。

★消防救難隊在現場進行的急救

①**陪病患一起緩慢地深呼吸（讓病患像是吹熄蠟燭般噘起嘴巴與緩緩吐氣）**。比起大口吸氣或是深呼吸，花十秒鐘慢慢吸氣與吐氣更能調整呼吸，也可以試著憋氣幾秒。

②**跟對方說：「放心，不會有事的！」**

更重要是說一些話，安撫對方的心情。

燙傷的處置
▼
「燙傷」的急救方式

不小心「燙傷」時，要不斷地「沖水」，以及「不要脫掉衣服」

孩童最容易遇到的意外是燙傷，對幼小的孩子而言更為嚴重，甚至會留下一生難以復原的疤痕。讓我們一起了解誰都能學會的急救方法吧！

①**立刻沖水降溫（沖二十分鐘以上）**，不斷沖水，降低傷口的溫度與疼痛。

②**不要脫衣服，直接隔著衣服沖水降溫**。

③**拿掉戒指或其他飾品**。

④**不要塗任何藥物**。

⑤**如果傷口範圍很大，蓋上浸濕的毛巾或床單，降低傷口的溫度**。

為了拯救來得及拯救的生命

減少造成燙傷的物品與場所。（放在小孩拿不到的位置）

NG行動

✕ 脫衣服

就算被熱水潑到也不要急著把衣服脫掉，因為水泡會因此被弄破，傷口也會拖很久才痊癒，甚至還有感染細菌的風險。

✕ 直接將冰塊或是保冷劑壓在上面

直接將冰塊或是保冷劑壓在燙傷的部位會有凍傷的風險。此外，冰塊與保冷劑不一定很乾淨，所以建議大家先用清水沖洗與降溫。

★需要立刻撥打「119」的情況

- 燙傷範圍很大的時候。
- 皮膚變白（或是變黑）的時候。
- 皮膚變紅、起水泡的時候。
- 不斷出現劇烈疼痛的時候。
- 感覺不到燙傷的部位很痛的時候。

此外，不小心吸入高溫氣體時，氣管有可能會灼傷，此時請務必立刻撥打119。

★「低溫燙傷」也不容小覷

電熱毯、暖桌、電暖被、懷爐這類家電用品若長時間接觸皮膚，會讓人有種刺痛的感覺。大部分的人都覺得這沒什麼大不了的，但其實皮膚的深處已經灼傷，有時需要動手術治療、有時也會因此感染細菌，所以千萬不要掉以輕心。

過敏性休克的處置

▼

「過敏」
的急救方式

過敏時，要維持「呼吸暢通的姿勢」

在幾分鐘～十幾分鐘之內產生全身過敏反應的現象稱為「過敏性休克」，**有可能會讓心臟突然停止跳動**。

如果發現別人出現「過敏性休克」，第一步先**撥打１１９，接著在救護車抵達之前，讓對方躺下來或坐著，**保持呼吸暢通的姿勢。

一般來說，「過敏性休克」的患者都會隨身攜帶「安得理那寧注射液（Epinephrine，可自行施打的腎上腺素）以防不時之需。

過敏性休克的症狀

- ●皮膚很癢
- ●出現蕁麻疹
- ●腹痛／拉肚子
- ●想吐／嘔吐
- ●聲音沙啞／喉嚨發癢
- ●無法正常呼吸
- ●意識矇矓、氣色慘白

需要立刻撥打119的症狀

- ●全身癱軟
- ●失去意識
- ●呼吸不順

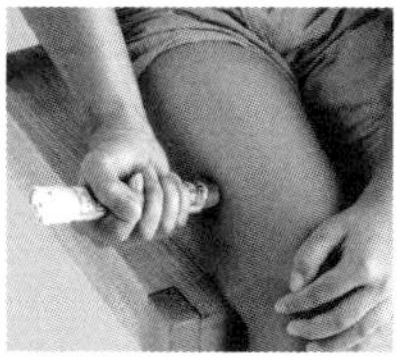

壓住大腿五秒

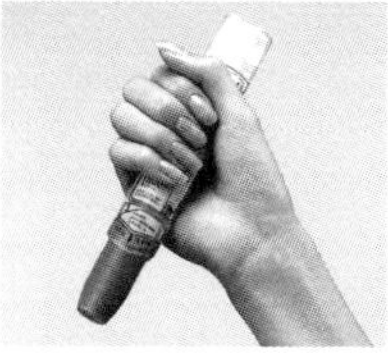

橘色的蓋子伸長代表注射完畢

圖片來源：安得理那寧注射液（Viatris製藥株式會社）

發生過敏性休克的時候

①由「食物」造成的情況

- 如果嘴巴裡面還有食物，立刻吐出來。
- 用清水沖洗口腔。

②因「蜂毒這類生物毒素」造成的情況

- 不要硬是去除毒針（有可能會將毒液或細菌壓進體內）。
- 立刻去醫院或是叫救護車。

很多人「不知道自己對什麼東西過敏」，但其實這是一件很危險的事。

★安得理那寧注射液的使用方法

①拆掉藍色的蓋子。

②用力握住藥劑，讓橘色那端朝下。

③讓藥劑與大腿呈九十度直角，用力抵住大腿外側。

④用力按壓，直到聽到「喀嚓」之後，繼續按壓五秒。

⑤當橘色的針頭蓋伸長，代表注射完畢（可直接隔著褲子注射）。

⑥注射完畢後，交給急救人員（不需要蓋上蓋子）。

※除了當事者與監護人之外，醫師、幼兒園教師、教職員工、急救人員都可使用這種藥物。

若看到孕婦，多給予一些「貼心」與「支援」吧

在消防救難隊員嘗試孕婦體驗後，我想告訴大家的是：**對孕婦來説，「保護腹中小孩」是相當沉重的責任與壓力，以及孕期生活非常辛苦**。

不管是在家裡還是外出，孕婦都會忍不住想到「如果不小心害肚子裡的小孩受傷怎麼辦？」有些孕婦也會因此身心俱疲。

身邊的人必須同理孕婦的心情與給予關愛，才能保護孕婦與腹中的小孩。

懷孕時的NG行動

為了拯救來得及拯救的生命

勇敢地問一句「還好嗎？」就能幫助孕婦與小寶寶。

- ✕ 提重物
- ✕ 不繫安全帶
- ✕ 激烈運動
- ✕ 走很陡的樓梯
- ✕ 騎腳踏車
- ✕ 吃生魚或生肉
- ✕ 攝取咖啡因或酒精
- ✕ 穿厚底的鞋子或是高跟鞋
- ✕ 待在備感壓力的環境

身邊的人可代替孕婦做上述的事情，或是從旁予以協助。

★需要叫救護車的「危險訊號」

如果發現孕婦出血，請立刻與熟悉的醫院聯絡，或是帶去醫院急診。

打電話時，要說明出血的顏色、氣味、出血量，以及什麼時候出血、做了什麼事而出血，或是有沒有出血以外的症狀。

★在此介紹懷孕的消防救難隊員實際會帶著身邊的東西：

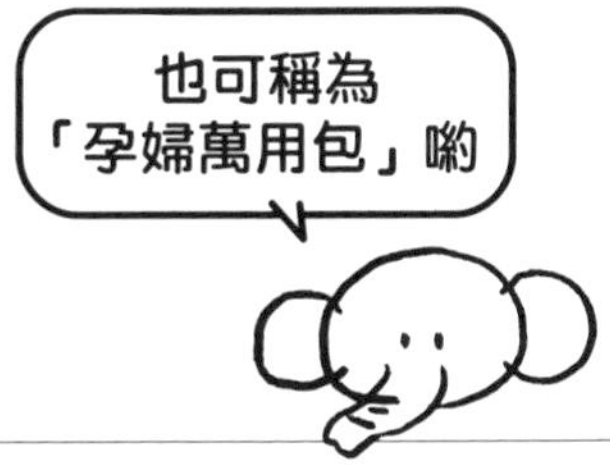

孕婦健康手冊
診斷證明
生理護墊
健保卡
飲品
塑膠袋

TAICHO's RESCUE COLUMN 04

消防救難隊員體驗月經的經驗

接著要為大家介紹消防救難隊員請專門研究月經的大學研究室幫忙，體驗經痛到底是怎麼一回事的故事。

在消防救難隊員體驗經痛之後，便知道自己不能總以「男性沒有月經所以無法了解經痛」或是「不關我的事」這種藉口搪塞，也知道要更體貼女性、給予女性更多協助。

若能得到周遭的理解與體貼，對身心都造成負擔的月經就不會那麼痛苦。請大家務必記得，如果看到別人因為月經而不舒服，對方絕對不是在假裝，甚至有時候會因為經痛而需要叫救護車，所以如果看到對方痛得站不起來，請立刻撥打119。

此外，大家聽過「PMS（經前症候群）」嗎？PMS指的是在經期前的三至十天出現的身心不適的症狀。經前症候群的症狀很多種，較具代表性的有煩躁、不安、易怒、皮膚粗糙、水腫、胸口脹痛……雖然這個社會已經越來越能體諒經痛，但是對PMS的了解還不夠。「就算月經來了，也不要這麼不耐煩！」、「月經跟工作有什麼關係？」、「真的有那麼痛苦嗎？」這些都是不該說的話，我們真正該說的是「真的很辛苦對吧」、「就休息一下吧」、「這些我來做，妳去休息吧」，多給對方一點關懷，或是給對方一條毯子保暖，讓身心都能放鬆一點。

第 4 章

無法預測的人禍以及解決人際問題的方法

BOUSAI JITEN

假設其他國家射來飛彈

▼

避免被「飛彈」波及的方法

假設其他國家射來「飛彈」，要盡可能遠離「衝擊波」、「碎片」與「粉塵」

飛彈**從發射之後，大概十分鐘**就會命中目標，所以若聽到國家級警報或是聽到在地的防災無線電發出警告：

①立刻避難。②立刻遠離窗戶（以免玻璃因衝擊波**破裂時，被玻璃割到）。③如果在戶外，立刻躲進鋼筋水泥蓋成的建築物（例如學校或商業設施），並壓低身體與保護頭部**。

請大家務必記住，飛彈的可怕之處在於「衝擊波」、「碎片」與「粉塵」。

NG行動

✕ 不要從窗戶窺探戶外的情況

不要在窗邊觀察戶外的情況。就算飛彈不是在附近爆炸，窗戶的玻璃還是有可能因為「衝擊波」而噴飛。

建議大家躲在沒有窗戶、重物、利器的地方，採取縮在地上、保護頭部的姿勢。

✕ 不要隨便外出

除了「衝擊波」與「碎片」之外，「粉塵」也很危險。飛彈爆炸之後，如果非得出門，請用手帕摀住口鼻，然後往上風處（風吹來的方向）避難。

★在家裡的時候

①關掉通風扇。
②將門窗全部關起來。
③讓室內保持密閉狀態，避免外部空氣進入。

★在外面的情況

①躲進堅固的建築物。
②躲到地下避難。

★在車裡的時候

如果剛好在車裡，有可能會遇到①汽油爆炸的危險。②車窗爆裂的危險。③被關在車裡的危險。④因為車禍或塞車而來不及逃生的危險。

聽到警報後，請將車子停到安全場所後，下車前往建築物或是地下室避難。

被刀子刺傷的時候

▼

「撥打 119 後」的緊急措施

如果發現有人被「刀子」刺傷時，先「報警與叫救護車」，並且「不要拔出」刀子，而是要「固定」刀子

如果發現有人被刀子刺傷

先確保自身安全
接著
撥打110（報警）與
119（聯絡救護車）

利用毛巾或是衣服固定刺在身體裡面的刀子

如果發現有人被刀子刺傷，第一步要優先確保自身安全，接著報警與叫救護車，在救護人員抵達之前先進行急救。

此時不該做的事情是抽出刀子、幫傷患止血。或許大家在電影或漫畫看過抽出刀子的情節，但在急救現場絕對不能這麼做。**假設刀子已經刺到較粗的血管，此時的刀子就像是塞子一樣，一旦拔出來反而會造成大出血。**

固定刀子的方法

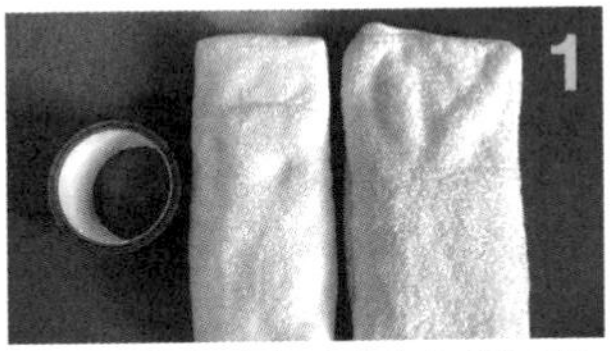

準備膠帶與毛巾（白色）各兩條

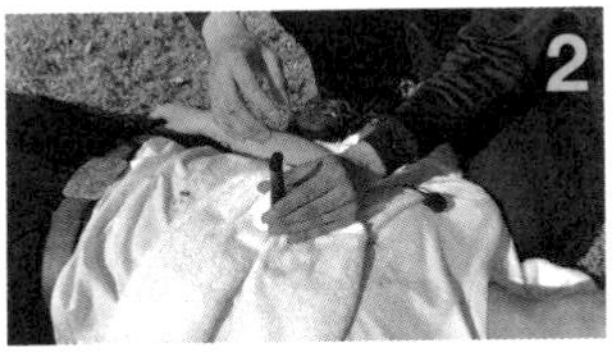

將毛巾對折後圍住刀子

利用膠帶固定毛巾，重複步驟二再圍一圈毛巾

最後用較長的膠帶牢牢固定毛巾

急救時，要特別小心刀子的刀刃，也盡可能不要接觸血液。

為了拯救來得及拯救的生命

- ●就算再害怕，在救護車抵達之前，也不要放棄。
- ●先確認犯人不在附近再靠過去。

★保護生命的重點

①先確認犯人是否還在附近（如果在附近，趕快逃走或是躲起來）。

②不要拔出刀子或利器。

③利用毛巾或衣服固定刀子或利器。

④此時被刺傷的人一定很緊張，記得試著安撫對方。

⑤如果已經拔出刀子或利器，要戴上手套或是塑膠袋避免直接接觸血液，並用手帕用力壓住傷口止血。

⑥在救護車抵達之前，在傷患身上蓋條毛巾，避免傷患失溫或體溫過低。進行急救的人也要特別小心，不要讓自己受傷、捲入二次傷害。

發生大型災害的時候

▼

能提高獲救率的
「撥打 119」的方法

若是看到很多人倒地不起，要在撥打緊急電話時說明「有多少傷患」

迅速撥打
緊急電話能夠
救人一命！

出現大量傷患的通報重點

您好，
這裡是消防局

有〇人倒地不起
地點在〇縣（市）
〇區〇路〇號

在**發生車禍等導致許多人受傷**的情況下，應立刻撥打119與說明現場狀況，但有時候場面實在太觸目驚心，讓人很難冷靜地描述情況。

此時**最重要的**，**就是要先數一下大概有多人受傷**，並在打電話通報時說明「**大約有〇人倒地不起**」。如此一來，**救難隊就能更快地請求支援、出勤以及在抵達現場之後迅速進行急救**。保持冷靜並快速通報能提高傷患的生存機率。

撥打119的流程

消防局：您好，這裡是119〇〇消防局。請問需要救護車還是消防車？

通報者：救護車。

※這時候事先說明「有10多人因為交通意外而倒地不起」。

消防局：請問發生的地點？

通報者：地址是〇〇縣（市）〇區〇路〇號。

※說明地標或是大馬路的話，消防隊能更快了解地點（例：附近有郵局）。

消防局：請問您的大名以及電話號碼？

通報者：我是狗狗。電話是09〇〇-〇〇〇-△△△。

消防局：意外是如何發生的？

通報者：有車子突然失控，然後輾過很多人。大概有10個人受傷，說不定也有人已經失去意識。

消防局：了解了，我們會立刻趕過去。

★如果不知道地址

建議大家根據門牌、地標、超商大門、加油站、車站閘門、自動販賣機的地址標記、交叉路口的路標、招牌……說明地址。如果是在高速公路上，可說明白色板子上面的數字（註：台灣的高速公路里程牌標誌為綠色板子）。

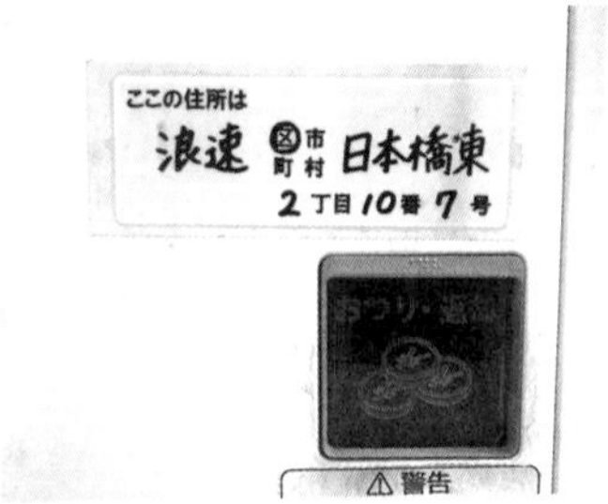

●自動販賣機
通常都有地址的標示

●里程牌
在高速公路上面的話，可利用白色板子上面的數字了解位置

發現騷擾的時候

▼

遠離「騷擾」，保護生命的方法

如果發現有人被騷擾，先詢問對方事情的經過以及留下「記錄」

騷擾是指針對相對弱勢的人找碴或是霸凌的行為，有時候甚至會演變成攸關性命的危險攻擊。

如果發現有人遇到騷擾，**先傾聽對方的心聲，問問對方「想怎麼處理」。重點在於保留能夠當作證據的「記錄」**。例如錄音、錄影或是利用文字記錄「在什麼場合受到哪些騷擾」、「被害者有什麼感覺」、「結果如何？」這類可以證明受害的證據。

各式各樣的職場騷擾

權勢騷擾（霸凌）
利用職場的上下級關係找碴

性騷擾
與性相關的不當言論與行為騷擾

排擠、心理傷害
造成精神方面的痛苦

懷孕歧視
與懷孕、育兒有關的差別待遇

酒精騷擾
強邀聚會或是強迫喝酒的騷擾

NG行動

✕ 暗自忍耐，不尋求協助

有些人就算被騷擾，也會告訴自己「只要自己忍耐，就不會惹麻煩」而不願尋求協助。首先要做的就是先「尋求協助」。

◎職場騷擾：勞動部勞工諮詢申訴專線「1955」（24小時，免付費電話）
◎跟蹤騷擾：衛福部保護專線「113」（24小時，免付費電話）

✕ 讓當事者自行解決

有時候在發現騷擾時，會讓當事者自行解決。但為了減輕受害者的負擔或壓力，請一定要以第三者的立場介入，幫忙一起解決問題。

★保留「記錄」之後

職場騷擾（職場不法侵害）

①若公司設有健全應對單位，可先於內部申訴。②前往各地方政府勞工局提出申訴。③向警察機關報案，提出刑事或民事訴訟（需要律師協助）。④聯繫勞動部勞工諮詢申訴專線「1955」。

註：除了上述常見的職場騷擾，台灣在法律上也針對「跟蹤騷擾」訂定了相關防制與應對條例。

跟蹤騷擾

①可直接向警察機關報案，同時聲請保護令。②撥打「113」保護專線諮詢。

★周遭的關心很重要

騷擾會留下一輩子難以抹滅的傷痕，有時甚至會因此演變成精神疾病。越是在意周遭的人或是越溫柔的人，通常越容易成為被害者，因此我們要特別注意身邊的人是否有被騷擾。

遇到霸凌的時候

▼

「遠離霸凌」，
保護自己的方法

遭受校園霸凌時，不要獨自忍耐（或是讓對方隱忍），要記得尋求協助

日本年輕世代的死因排名第一是自殺。自殺原因有很多種，但「校園霸凌」絕對是不容忽視的問題。霸凌有許多型態，例如肢體或語言的暴力、集體無視或找碴的行為都屬於霸凌的一種，但**最恐怖的是「心理暴力」**。心理暴力通常很難被發覺，就算發覺了，情況通常都已經很嚴重了。

面對霸凌的重點在於不要一個人隱忍，或是不要讓別人獨自面對。請大家務必大量收集諮詢的相關資訊與方法。

電話諮詢窗口

- **教育部反霸凌投訴專線**
  ☎1953（免付費）
- **兒童專線**
  小事也可以尋求協助
  ☎0800-003-123（免付費）
- **少年專線**
  可尋求霸凌或人際方面的協助
  ☎0800-001-769（免付費）
- **24小時安心專線**
  ☎1925（免付費）
- **24小時生命線**
  ☎1995（免付費）
- **張老師服務專線**
  ☎1980

為了拯救來得及拯救的生命

如果覺得活得很痛苦，不妨找人一起做一些喜歡的事情或特別擅長的事情，為自己創造生活的樂趣。

消防救難隊在看到因被霸凌而自殺未遂的第一現場後的感想

重點在於「別讓當事人獨自面對」。小孩通常很難自己解決霸凌的問題，所以要讓他們知道可以找別人商量以及尋求協助，千萬不要視而不見。我覺得，坐視不理往往會讓當事人想要自殺。在受害者還沒因為霸凌關閉心房之前，讓他們換個新環境是很重要的方法。由於當事人很難自行迴避這些問題，所以不妨幫助他們搬家或是轉學，慢慢引導他們換到不一樣的環境。

我想聽你說
兒盟反霸凌Line官方帳號

教育部
霸凌通報留言區

★面對霸凌的方法

①與親友商量。

②試著與不那麼親近的人商量（如果找不到親友商量的話）。

③利用電話或社群媒體尋求協助。

重點在於不要想著一個人面對，也不要覺得是自己的錯，先尋找協助再說。

★有人前來尋求協助的時候

如果有人鼓起勇氣來找自己尋求協助，只要覺得對方「遇到霸凌」，請試著傾聽對方的想法並且給予安慰，讓對方知道「站在他這邊的人比霸凌他的人來得多」，或是讓對方知道「他不是一個人」。

在社群媒體
被誹謗的時候
▼
不受「社群媒體」
影響的方法

如果因為社群媒體而心裡受傷，千萬別坐視不理，要提早想辦法解決

隨著社群媒體普及，每個人都能隨時抒發情緒與發表意見，但也因為看不見表情與不知道姓名，所以**許多人會在社群媒體上中傷別人或是散播謠言，有些人也會因此而受傷**。如果因為社群媒體導致內心受傷卻又置之不理，有可能等意識到不對勁的時候，心裡早就生病了。也有可能因此遠離社會、覺得很孤獨以及找不到生存的價值。重要的是，**在事情還沒惡化到難以挽回的地步之前**立刻採取行動。

緊急時刻的應變
自然災害的處置
日常的常見問題
難以預測的意外

在社群媒體被誹謗時的因應之道

①與對方斷絕聯絡
利用封鎖對方（避免自己看到對方的留言或訊息）或隱藏（隱藏對方的文章）這兩種功能，與對方完全斷絕聯繫。

②利用截圖功能保留證據
利用智慧型手機的截圖功能保留那些找碴的文章或留言。由於這些文章或留言很可能一下子就被刪掉，所以盡可能在刪掉之前，將這些證據保存在自己的裝置裡。

③請社群媒體的管理員刪除文章或是檢舉這些內容
社群媒體一定有「檢舉」或是「請求刪除文章」的諮詢頁面。檢舉對方的帳號有機會讓對方不能使用社群媒體。

④尋求外部機構刪除文章
如果希望刪除對方的文章，可試著聯絡下面的機構：
「iWIN網路內容防護機構」
諮詢專線：02-2577-5118

⑤諮詢律師或「法律扶助基金會」
如果需要請求賠償可尋求律師協助。
「法律扶助基金會」可免費提供解決問題的資訊。

⑥報警
如果覺得生命受到威脅或是希望對方得到懲罰，可去警察局報案或是透過網路犯罪諮詢窗口尋求協助。

為了拯救來得及拯救的生命

- 不要一個人面對，也不要讓別人獨自面對。
- 趁早蒐集證據。

遇到家暴的時候
▼
遠離「家暴」，
保護自己的方法

發現家暴（家庭暴力）時，可以早一點幫助受害人改變環境

家暴（家庭暴力）的可怕之處在於**當事人很難自行解決，因為受害者的身心都被加害者控制**。

就算真的解決問題，有些人會在心裡留下難以抹滅的傷痕，因此無法建立正常的人際關係，無法擺脫過去的陰霾。

周遭的人要盡早發現家暴，給予當事人協助，或是幫助當事人改變環境。

家暴的種類

①**肢體暴力**
②**心理暴力**
③**性暴力**
④**透過經濟控制對方的暴力**
⑤**讓對方與社會隔絕的暴力**
⑥**對孩子施暴**

消防救難隊認定的「家暴警訊」

只要另一半做出下列的事情，就有可能是家暴：

- □拳打腳踢
- □丟東西
- □推人
- □被潑熱水
- □被勒脖子
- □對方踹門
- □大聲怒罵
- □否定人格
- □長期忽視（冷戰）
- □在社群媒體誹謗
- □隨意檢查郵件
- □禁止與其他異性說話
- □不提供生活費
- □迫使購買東西
- □迫使進行性行為
- □迫使觀賞性相關的影片
- □不使用避孕用品

★遭受家暴之際的心理狀態

「都是我不好」、「那個人沒有我不行」、「只要自己遭受暴力，別人就能倖免於難」……很多人會想要像這樣自我犧牲。向親友、毫無關係的人求救也沒關係，先說明「現在」遇到的情況，讓這些人幫忙判斷。了解自身的狀況非常重要。

★家暴諮詢窗口

衛福部二十四小時免付費「113」保護專線。

「113」除了電話專線，也提供線上諮詢及簡訊服務。

為了拯救來得及拯救的生命

透過社群媒體說明遭受家暴的現況，向外尋求協助。

CASE58

各種119報案

▼

除了電話之外的「119 報案」方法

無法透過自己的聲音報案的人，也可以使用的各種報案方式

耳朵聽不見的人，或是沒辦法說話的人，也可以利用**「聽語障人士報案專線」**報案。

要使用這些服務之前，必須先註冊，所以身邊若有朋友因為身體因素而無法打電話報案，可以建議他們前往附近的消防隊註冊。

此外，為了在遇到緊急狀況時能快速通報，**在註冊之後請實際使用看看，確定能否順利報案**。

各種報案方法

行動電話簡訊報案

利用手機的文字簡訊【SMS】功能，透過各縣市的簡訊特碼，向119消防機關進行緊急報案。

119 按鍵偵測音

使用行動電話或市話撥打 119，撥通之後透過按鍵聲的不同，區別救災需求或是需要救護車急救。

傳真專線報案

在紙張上寫下事故地點、案情及需求後，傳真至各縣市政府消防局所提供的傳真機專線進行報案。

消防防災e點通App

在智慧型手機上安裝後，填寫個人基本資訊，利用「119報案APP」功能報案。

消防防災e點通App

①在智慧型手機安裝「消防防災e點通」App，事先註冊帳號並設定個人資訊。

②在【我的防災卡】填寫下列資料：
◎個人緊急聯絡　◎個人健康狀況與重要需求

③點選畫面中的【119報案APP】，視情況選擇：
◎【火警報案】　◎【救護車報案】　◎【簡訊報案】

【簡訊報案】需填選報案內容：
◎「救護」或「火災」　◎事件類別　◎地址　◎待救人數與受傷人數

119撥通後或傳送簡訊成功後，消防局會依照手機GPS定位出勤到所在地。

行動電話簡訊報案、傳真專線報案

各縣市消防局聽語障人士報案專線電話

①這種報案方式需要事先向社會局登記資料，119收到報案後，就可以立即受理案件及出勤。

②在手機裡儲存自己居住地址的簡訊報案電話號碼，在遇到緊急事件時，可利用此號碼傳送簡訊。

③報案時，在簡訊中填寫：
◎自己的姓名、性別與年齡
◎說明自己求助的需要（例如火勢、傷勢）
◎所在位置，詳細地址或是附近明顯地標
◎說明自己的穿著、特徵　◎緊急聯絡人或常去的醫院

建議將內容寫成範本儲存在手機裡或寫在傳真機旁，就能在遇到緊急事件時快速報案。

119 按鍵偵測音

利用手機電話或市話撥打119，當撥通後，利用按鍵聲不同以區別需求。長按「1」代表有救災需求，長按「9」代表需要救護車。

為了拯救來得及拯救的生命

先試一試哪些報案方式比較方便，找出適合在緊急情況通報的方法。

TAICHO's RESCUE COLUMN 05

消防救難隊面對 南海海槽大地震的事先準備

「南海海槽大地震」是隨時有可能發生的地震。一般認為，關東到九州這一帶將發生最大震度七的地震，也會因此遭受十公尺以上的海嘯襲擊。你與重要的人有可能因此喪命；習以為常的日常生活、財產以及所有的一切都有可能因此消失。

大部分的人應該都曾在電視看過「南海海槽大地震有可能造成危險」的節目或新聞。但是，就算想提前準備，應該有很多人不知道該準備什麼。所以接下來要為大家介紹消防救難隊為了這類大地震所做的事前準備，還請大家從今天開始就為了南海海槽大地震做好準備。

①召開家庭會議，挑選會合地點

如果被問到「發生地震時，你會去哪個避難所或避難地點？」你能立刻答得出來嗎？除了事先決定避難地點之外，也要與家人一起決定「會合的地點與時間」以便在發生災難時找到彼此。因為如果一旦發生災難，會有大批人潮湧入避難所或避難地點，到時候就很難找到家人，所以一定要與家人先討論「時間」、「地點」、「等待時間」以便快速找到彼此（例：每天晚上六點到七點，在避難地點的高中體育館入口等待）。

若發生大地震，全國都會陷入恐慌和擔心家人是否平安，所以務必全家一起討論這些事情。

②確定平安的方法

發生災難時，電話有可能打不通，所以要與家人一起決定聯絡彼此的方式。比方說「透過LINE這類通訊軟體」或是「災害留言171」、「災害公佈欄服務」這類服務聯絡彼此。

（註：台灣可以利用消防署推出的「消防防災e點通」APP的「親友協尋」功能。）

③避免發生火災

設置地震自動斷路器，預防地震造成火災。

④固定家具

固定冰箱、櫃子、餐具櫃這類沉重的大型家具。

⑤準備這三項必需品

「哨子」、「手電筒」、「行動電源」是消防救難隊片刻不離身的必須品，建議大家添購齊全。

⑥收集防災資訊

透過災害潛勢地圖或是疏散避難地圖確定居家附近的危險場所，以及將全家人的聯絡方式、用藥手冊放在錢包裡面，以便隨時都能找得到這些資訊。

沒有比生命更重要的事。讓我們趁早做好準備，才能有備無患。

結語

本書介紹了實際在消防現場親身體驗過後才知道的五十八種救命知識。
如果只是單純看完內容，
在遇到災難或是意外的時候，
也不一定能保持冷靜，並採取正確的行動。
這也是為什麼消防救難隊會每天持續接受訓練，
以便在天有不測風雲之際，能一如往常地採取正確應急措施的原因。
請讀到最後的各位讀者不要僅僅只是閱讀，
更要實際採取行動，做好事前準備。

雖然接下來的話有些不中聽，但還是想告訴大家：
我們都只有一條命，失去了就無法挽回。
為了不讓自己後悔，務必趁現在做好準備。
我相信，只要每個人都做好因應災害的準備，

以及每個人都為彼此著想，
就算下一波的災難來襲，我們也一定能挺過去。

最後，
非常感謝幫忙監修醫療內容的八尾市立醫院的山本醫師，
以及從平常就給予多方協助的杉村醫院的中村醫師。
此外，也要特別感謝一起完成本書內容的RESCUE HOUSE成員
同時也由衷感謝在身後支持我的家人，
真的非常感謝。

RESCUE HOUSE TAICHO

参考文献

◎一般社団法人水難学会HP【一般社団法人水難学会】

◎大阪市HP「熱性けいれんを知ろう!!」【大阪市】

◎おなかのはなし.com【ヴィアトリス製薬株式会社】

◎気象庁HP記事「雷から身を守るには」【国土交通省気象庁】

◎気象庁HP記事「噴火警戒レベルの説明」【国土交通省気象庁】

◎警察庁HP「統計 自殺者数」【警察庁】

◎警察庁HP「子供を守るチャイルドシート」【警察庁】

◎厚生労働省HP「エコノミークラス症候群の予防のために」【厚生労働省】

◎国民保護ポータルサイト「弾道ミサイル落下時の行動」【内閣官房】

◎災害時に備えて食品の家庭備蓄を始めよう【農林水産省】

◎自動車で安全かつ確実に避難できる方策【防災対策推進検討会議（津波避難対策検討WG第5回会合）】

◎住宅用火災警報器Q＆A【総務省消防庁】

◎首相官邸HP「火山噴火では、どのような災害がおきるのか」【首相官邸】

◎消費者庁HP「サービス付き高齢者向け住宅情報提供システム」【高齢者住宅協会】

◎消費者庁HP「窓やベランダからの子どもの転落事故に御注意ください！」【消費者庁】

◎震災を踏まえた危険物の事故防止読本【総務省消防庁】

◎政府広報オンラインHP「いざというときのために」【内閣府大臣官房政府広報室】

◎政府広報オンラインHP「パートナーや恋人からの暴力に悩んでいませんか。」【内閣府大臣官房政府広報室】

◎政府広報オンラインHP「土砂災害から身を守る3つのポイント」【内閣府大臣官房政府広報室】

◎総務省消防庁HP「１１９番の正しいかけ方」【総務省消防庁】

◎JRC蘇生ガイドライン2020【日本蘇生協議会(JRC)】

◎第十管区海上保安本部海洋情報部HP「離岸流」【海上保安庁】
◎千葉市役所HP「ストップ、ドロップ＆ロール!!（着衣着火の対処法）」【千葉市役所】
◎東京消防庁HP「救助・救出訓練の指導」【東京消防庁】
◎東京消防庁HP「心肺蘇生の手順」【東京消防庁】
◎内閣府防災情報のページ「特集 津波について知ろう」【内閣府】
◎内閣府防災情報のページ「避難行動判定フロー」【内閣府】
◎内閣府防災情報のページ「災害関連死について」【内閣府】
◎内閣府防災情報のページ「避難情報に関するガイドライン」【内閣府】
◎内閣府防災情報のページ「避難場所等の図記号の標準化の取組」【内閣府】
◎内閣府防災情報のページ「福祉避難所の確保・運営 ガイドライン 」【内閣府】
◎熱中症環境保健マニュアル【環境省】
◎熱中症予防情報サイト【環境省】
◎ハザードマップポータルサイト【国土交通省】
◎防災・危機管理eカレッジ「救命処置」【総務省消防庁】
◎防災・危機管理eカレッジ「消火器の使い方」【総務省消防庁】
◎法務省人権擁護局フロントページ【法務省】
◎文部科学省HP「24時間子供SOSダイヤル」について【文部科学省】
◎令和2年版消防白書【総務省消防庁】
◎令和３年版 救急・救助の現況【総務省消防庁】
◎Net119緊急通報システム【総務省消防庁】
◎『Why people ‘freeze’ in an emergency: temporal and cognitive constraints on survival responses』【John Leach／Aviation,Space, and Environmental Medicine(2004)】"
◎『土砂災害、９割が危険箇所周辺「ハザードマップ確認を」』【朝日新聞デジタル記事／2018年７月８日】

2AF733

災難求生No.1黃金守則

地震、火災、襲擊、溺水、車禍……
從大型災害到日常事故的緊急自救全圖解

作　　者　TAICHO
繪　　者　MIZOGUCHITOMOYA
譯　　者　許郁文
責任編輯　林亞萱
版面設計　張哲榮
封面設計　任宥騰

行銷主任　辛政遠
行銷專員　楊惠潔
總 編 輯　姚蜀芸
副 社 長　黃錫鉉

總 經 理　吳濱伶
發 行 人　何飛鵬
出　　版　創意市集

香港發行所
城邦（香港）出版集團有限公司
地址：九龍九龍城土瓜灣道86號
　　　順聯工業大廈6樓A室
電話：25086231
傳真：25789337
E-mail：hkcite@biznetvgator.com

馬新發行所
城邦（馬新）出版集團 Cite (M) Sdn Bhd
41, Jalan Radin Anum,
Bandar Baru Sri Petaling,
57000 Kuala Lumpur, Malaysia.
Tel：(603) 90563833
Fax：(603) 90576622
Email：services@cite.my

I S B N　978-626-7336-44-1（紙本）
　　　　9786267336434（EPUB）
2024年1月初版
Printed in Taiwan
定　　價　新台幣400元（紙本）
　　　　　280元（EPUB）／港幣134元
製版印刷　凱林彩印股份有限公司

若書籍外觀有破損、缺頁、裝訂錯誤等不完整現象，想要換書、退書，或您有大量購書的需求服務，都請與客服中心聯繫。

客戶服務中心
地址：10483 台北市中山區民生東路二段141 號 B1
服務電話：（02）2500-7718　（02）2500-7719
服務時間：週一至週五 9：30～18：00
24 小時傳真專線：（02）2500-1990～3
E-mail：service@readingclub.com.tw

※ 詢問書籍問題前，請註明您所購買的書名及書號，以及在哪一頁有問題，以便我們能加快處理速度為您服務。
※ 我們的回答範圍，恕僅限書籍本身問題及內容撰寫不清楚的地方，關於軟體、硬體本身的問題及衍生的操作狀況，請向原廠商洽詢處理。
※廠商合作、作者投稿、讀者意見回饋，請至：
FB粉絲團：http://www.facebook.com/innoFair
Email信箱：ifbook@hmg.com.tw

國家圖書館出版品預行編目（CIP）資料

災難求生 No.1 黃金守則：地震、火災、襲擊、溺水、車禍……從大型災害到日常事故的緊急自救全圖解 / TAICHO 著；許郁文譯 .
-- 初版 -- 臺北市：創意市集出版 ：
城邦文化事業股份有限公司發行，民113.1
　面；　公分
ISBN 978-626-7336-44-1（平裝）

1.CST: 防災教育 2.CST: 安全教育

575.87　　　　112017835